EFÉSIOS

MAX LUCADO

Lições de vida

EFÉSIOS

UM LUGAR PARA CHAMAR DE SEU

Traduzido por DANIEL FARIA

Copyright © 2006 por Thomas Nelson
Publicado originalmente por Thomas Nelson Inc., Nashville, Tennessee, EUA.
Direitos negociados por Silvia Bastos, S. L., Agência Literária.

Os textos de referência bíblica foram extraídos da *Nova Versão Internacional* (NVI), da Biblica Inc., salvo indicação específica.

Todos os direitos reservados e protegidos pela Lei 9.610, de 19/02/1998.

É expressamente proibida a reprodução total ou parcial deste livro, por quaisquer meios (eletrônicos, mecânicos, fotográficos, gravação e outros), sem prévia autorização, por escrito, da editora.

Dados Internacionais de Catalogação na Publicação (CIP)
(Câmara Brasileira do Livro, SP, Brasil)

Lucado, Max
Efésios: um lugar para chamar de seu / Max Lucado; traduzido por Daniel Faria. — São Paulo: Mundo Cristão, 2014. — (Coleção lições de vida)

Título original: Book of Ephesians: Where You Belong.

1. Bíblia. N.T. Efésios - Comentários 2. Bíblia. N.T. Epístolas de Paulo - Comentários I. Título II. Série

14-05637   CDD-227.07

Índice para catálogo sistemático:
1. Efésios: Epístolas de Paulo: Comentários   227.07
Categoria: Estudo Bíblico

Publicado no Brasil com todos os direitos reservados por:
Editora Mundo Cristão
Rua Antônio Carlos Tacconi, 79, São Paulo, SP, Brasil — CEP 04810-020
Telefone: (11) 2127-4147
www.mundocristao.com.br

1ª edição: setembro de 2014

SUMÁRIO

Orientações ao líder   7
Como estudar a Bíblia   9
Introdução a Efésios   13

Lição 1
Você faz parte deste lugar?   15

Lição 2
O poder da nossa fé   21

Lição 3
Tenha misericórdia!   27

Lição 4
Laços familiares e manchas raciais   32

Lição 5
Deus tinha um segredo?   38

Lição 6
O maravilhoso amor de Cristo   44

Lição 7
Em toda parte, o corpo   50

Lição 8
O poder das palavras   56

Lição 9
Escolhendo andar na luz   62

Lição 10
Sinais de sujeição   68

Lição 11
Bons pais, bons chefes   74

Lição 12
Seja um vencedor!   79

Nota ao leitor   85

ORIENTAÇÕES AO LÍDER

Estudar a Bíblia é um dos grandes privilégios que recebemos do Senhor. É desejo dele que conheçamos sua Palavra inspirada, que é "útil para o *ensino*, para a repreensão, para a correção e para a instrução na justiça, para que o homem de Deus seja apto e plenamente preparado para toda boa obra" (2Tm 3.16-17). Somos incentivados a crescer "na graça e no *conhecimento* de nosso Senhor e Salvador Jesus Cristo" (2Pe 3.18). O próprio Jesus nos ensinou a amar a Deus de todo o nosso "*entendimento*" (Mc 12.30).

Para atingir esses objetivos, ele designou alguns como *pastores e mestres*, a fim de edificar seu povo e conduzi-lo à maturidade na fé (cf. Ef 4.11-16), e Max Lucado, como um desses vocacionados, tem se comprometido com o reino no ensino da Palavra. Por isso, temos a satisfação de oferecer à Igreja evangélica este valioso material didático para ser usado em grupo, porque acreditamos que o estudo em conjunto torna o aprendizado interessante, rico e produtivo (cf. Pv 27.17). Porém, não existe nenhum impedimento ao estudo individual.

A fim de tornar o aprendizado mais eficaz, apresentamos algumas dicas importantes:

1. Antes de tudo, ore e peça orientação ao Senhor para que a Palavra seja ensinada e entendida com fidelidade e clareza.
2. Prepare-se adequadamente. Familiarize-se bem com cada lição e não deixe de buscar subsídios para enriquecer o ensino.
3. Torne o aprendizado interativo e incentive a participação de todo o grupo.
4. Trate com respeito todas as contribuições dos participantes. Se houver necessidade de divergir de alguma ideia ou corrigi-la, faça-o com mansidão e brandura (cf. Gl 6.1; Ef 4.2; Tt 3.2; Tg 3.13).
5. Evite que uma pessoa domine a discussão. Isso inclui o líder. Assim, para proporcionar o crescimento do grupo, resista à

tentação de dominar ou manipular a coletividade e impor seus próprios pontos de vista.

6. Use a imaginação e a criatividade para incrementar as aulas. Recorra a símbolos visuais, vídeos, músicas, dramatizações etc. Lembre-se: faça isso com moderação.

Esperamos que essas orientações e sugestões sejam úteis para todos os membros do grupo; que todos cresçam juntos e façam destes estudos um marco em sua formação espiritual, com o objetivo de serem cada dia mais parecidos com Jesus, nosso Senhor e Salvador.

Os Editores

COMO ESTUDAR A BÍBLIA

Você tem um livro especial em mãos. Palavras esculpidas em outras línguas. Ações ocorridas em épocas distantes. Acontecimentos registrados em terras longínquas. Conselhos oferecidos a um povo estrangeiro. Esse é um livro singular.

É de surpreender que alguém o leia. É antigo demais. Alguns dos escritos datam de cinco mil anos atrás. É esquisito demais. O livro fala de enchentes incríveis, incêndios, terremotos e pessoas com habilidades sobrenaturais. É radical demais. A Bíblia convida à devoção eterna a um carpinteiro que chamava a si mesmo de Filho de Deus.

A lógica diz que esse livro não sobreviveria. Antigo demais, esquisito demais, radical demais.

A Bíblia foi proibida, queimada, escarnecida e ridicularizada. Acadêmicos zombaram dela. Reis decretaram sua ilegalidade. Mais de mil vezes, a cova foi aberta e o canto fúnebre começou a ser entoado, mas, por alguma razão, a Bíblia nunca permaneceu na sepultura. Não somente sobreviveu; ela prosperou. É o livro mais popular em toda a história. Há anos tem sido o mais vendido no mundo!

Não existe na terra uma explicação para isso. Essa, talvez, seja a única explicação. A resposta? A durabilidade da Bíblia não se encontra na terra; encontra-se no céu. Para os milhões que testaram suas afirmações e reivindicaram suas promessas, há somente uma resposta: a Bíblia é o livro e a voz de Deus.

Ao ler, seria sábio de sua parte pensar um pouco a respeito de duas perguntas: Qual o propósito da Bíblia? Como devo estudá-la? O tempo gasto na reflexão acerca dessas duas questões vai engrandecer consideravelmente seu estudo bíblico.

Qual o propósito da Bíblia?

Permita que ela própria responda a essa pergunta: *Porque desde criança você conhece as Sagradas Letras, que são capazes de torná--lo sábio para a salvação mediante a fé em Cristo Jesus* (2Tm 3.15).

O propósito da Bíblia? Salvação. O maior desejo de Deus é trazer seus filhos para casa. O livro dele, a Bíblia, descreve seu plano de salvação. O propósito da Bíblia é proclamar o plano e o desejo de Deus de salvar seus filhos.

É essa a razão de a Bíblia ter resistido ao longo dos séculos. Ela tem a ousadia de enfrentar as questões mais difíceis a respeito da vida: Para onde vou depois de morrer? Existe um Deus? O que faço com os meus medos? A Bíblia oferece respostas a essas questões cruciais. É o mapa que nos conduz ao maior tesouro de Deus: a vida eterna.

Mas como usamos a Bíblia? Inúmeros exemplares das Escrituras repousam em estantes e cabeceiras sem serem lidos pelo simples fato de as pessoas não saberem como lê-la. O que podemos fazer para torná-la real em nossa vida?

A resposta mais clara encontra-se nas palavras de Jesus. Ele prometeu: *Peçam, e lhes será dado; busquem, e encontrarão; batam, e a porta lhes será aberta* (Mt 7.7).

O primeiro passo na compreensão da Bíblia é pedir a Deus para ajudar-nos. Devemos ler em oração. Se alguém compreende a Palavra de Deus, é por causa de Deus, e não do leitor: *Mas o Conselheiro, o Espírito Santo, que o Pai enviará em meu nome, lhes ensinará todas as coisas e lhes fará lembrar tudo o que eu lhes disse* (Jo 14.26).

Antes de ler a Bíblia, ore. Convide Deus para falar com você. Não vá às Escrituras procurando por *sua* maneira de pensar; vá em busca da maneira de pensar *dele*.

Não devemos ler a Bíblia somente em oração; devemos lê-la com cuidado. A garantia é: *busquem, e encontrarão*. A Bíblia não é um jornal a ser folheado, mas uma mina a ser garimpada: *se procurar a sabedoria como se procura a prata e buscá-la como quem busca um tesouro escondido, então você entenderá o que é temer o* SENHOR *e achará o conhecimento de Deus* (Pv 2.4-5).

Qualquer achado valioso requer esforço. A Bíblia não é exceção. Para compreendê-la, você não precisa ser brilhante, mas tem de estar disposto a arregaçar as mangas e procurar, *como obreiro que não tem do que se envergonhar e que maneja corretamente a palavra da verdade* (2Tm 2.15).

Eis um ponto prático: estude a Bíblia um pouco de cada vez. Não se sacia a fome comendo 21 refeições de uma só vez a cada semana. O corpo precisa de uma dieta constante para permanecer forte. O mesmo acontece com a alma. Quando Deus enviou alimento a seu povo, no deserto, ele não providenciou pães prontos. Em vez disso, enviou o maná, desta forma: *flocos finos semelhantes a geada [...] sobre a superfície do deserto* (Êx 16.14).

Deus concedeu maná em porções limitadas e envia alimento espiritual da mesma forma: abrindo os céus com nutrientes suficientes para a fome de hoje e providenciando *ordem sobre ordem, regra e mais regra; um pouco aqui, um pouco ali* (Is 28.10).

Não desanime se a colheita de sua leitura parece pequena. Há dias em que uma porção menor é tudo de que precisamos. O importante é buscar diariamente a mensagem daquele dia. Uma dieta constante da Palavra de Deus no decorrer da vida edifica a saúde da mente e da alma.

Uma garotinha voltou de seu primeiro dia na escola. A mãe perguntou:

— Você aprendeu alguma coisa?

— Pelo visto, não aprendi o bastante — a menina respondeu. — Tenho de voltar amanhã, depois de amanhã e depois de depois de amanhã...

É assim que funciona a aprendizagem e é assim que funciona o estudo da Bíblia. A compreensão vem pouco a pouco, ao longo da vida.

Há um terceiro passo na compreensão da Bíblia. Depois do pedido e da busca, vem o bater à porta. Depois de perguntar e procurar, você bate: *Batam, e a porta lhes será aberta* (Mt 7.7).

Bater é estar diante da porta de Deus. Ficar disponível. Subir as escadas, cruzar o pórtico, colocar-se à porta e se voluntariar. Bater vai além da esfera do pensamento e entra na esfera da ação.

Bater é perguntar: O que posso fazer? Como posso obedecer? Aonde posso ir?

Uma coisa é saber o que fazer. Outra é fazer. Mas para aqueles que fazem, que escolhem obedecer, uma recompensa especial os aguarda: *Mas o homem que observa atentamente a lei perfeita, que traz a liberdade, e persevera na prática dessa lei, não esquecendo o que ouviu mas praticando-o, será feliz naquilo que fizer* (Tg 1.25).

Uma promessa e tanto! A felicidade vem para quem pratica o que lê! É o mesmo com medicamentos. Se você apenas ler o rótulo, mas ignorar as pílulas, de nada vai adiantar. É o mesmo com comida. Se você apenas ler a receita, mas nunca cozinhar, não vai ser alimentado. Dá-se o mesmo com a Bíblia. Se você apenas ler as palavras, mas nunca obedecer, jamais conhecerá a alegria que Deus prometeu.

Peça. Procure. Bata. Simples, não é? Por que então não tentar? Se o fizer, entenderá por que você tem nas mãos o livro mais extraordinário da história.

INTRODUÇÃO A EFÉSIOS

Acabei de assistir a um belo casamento. O mais lindo que já vi. Isso quer dizer muita coisa, pois eu já vi vários deles. Os pastores assistem a muitos casamentos. É um privilégio da profissão.

Existe algo mais elegante que um casamento? Velas banham a capela em ouro. Famílias amorosas enchem os bancos da igreja. Padrinhos e madrinhas atravessam o corredor carregando buquês de flores e anéis de promessa. Que cerimônia incrível!

Mas nada se compara ao momento em que a noiva surge na porta. Com o braço entrelaçado no do pai, ela dá os passos finais rumo a uma nova vida com o noivo.

Ah, o esplendor do casamento! Portanto, afirmar que assisti ao mais lindo deles não é pouca coisa. Quer saber o que tornou aquelas núpcias tão inesquecíveis? O noivo. Em geral, o noivo não é a estrela do casamento. Afinal, ele sempre acaba ofuscado pela noiva. Esse casamento, porém, foi especial por causa dele. Algo que ele fez engrandeceu a cerimônia.

E a pessoa dele tornou o que ele fez ainda mais surpreendente. Vejam, ele é um caubói: um sujeito durão que entrou para a universidade graças a uma bolsa de estudos conquistada em competições de rodeio. O homem à minha frente, no entanto, não parecia do tipo bruto e rústico, mas sim um rapaz com olhar sonhador que jamais tinha visto uma noiva tão linda.

Ele manteve a pose ao caminhar pelo corredor. Parecia ótimo ao tomar sua posição no altar.

Mas, assim que viu a noiva, desatou a chorar.

Era o momento com que ele tinha sonhado. O maior presente de sua vida lhe fora concedido — uma noiva, em toda a sua beleza. A propósito, foram exatamente estas as palavras usadas por Paulo para descrever a igreja: uma noiva em toda a sua beleza.

"E [Jesus] fez isso para também poder trazer para perto de si a Igreja em toda a sua beleza, pura e perfeita, sem manchas, ou rugas, ou qualquer outro defeito" (Ef 5.27, Nova Tradução na Linguagem de Hoje).

Veja bem o que esse versículo diz: Jesus morreu por uma esposa. Morreu para que pudesse se casar. A passagem prenuncia o dia em que o noivo verá sua noiva — o dia em que Cristo receberá sua igreja. O maior anseio de Jesus se cumprirá. Sua noiva chegará até ele.

A carta aos Efésios celebra a beleza da igreja, a noiva de Cristo. De nossa perspectiva, a igreja não parece tão bonita assim. Nossos olhos enxergam as fofocas, as disputas, as divisões. Sim, o céu também vê isso. Mas o céu vê além. O céu vê a igreja pura e santificada por Cristo.

O céu vê a igreja ascendendo ao céu. Vê a noiva usando o manto imaculado de Jesus Cristo.

É suficiente para fazer chorar.

LIÇÃO 1

Você faz parte deste lugar?

Reflexão
Paulo abre sua carta com um glorioso hino de louvor por todas as bênçãos que temos "em Cristo". Uma delas consiste no fato de pertencermos à família de Deus — uma comunidade de fé. Houve alguma ocasião em que você se sentiu realmente parte de uma comunidade? Se sim, reflita sobre a atmosfera, as circunstâncias e os propósitos daquele grupo de pessoas. O que causava a sensação de pertencimento?

Situação
O apóstolo Paulo investiu muito na igreja em Éfeso. Ele viveu e trabalhou três anos naquela cidade, firmando um alicerce sólido para a igreja. Acredita-se que essa carta foi destinada a uma região composta de diversas igrejas. Paulo enviou Tíquico junto com o manuscrito numa missão de encorajamento àquelas comunidades. A epístola não se propõe a confrontar crises. Na verdade, o apóstolo usa a carta para oferecer àqueles irmãos uma visão geral da vida cristã.

Observação
Leia Efésios 1.1-14 da NVI ou da RA.

Nova Versão Internacional
¹ *Paulo, apóstolo de Cristo Jesus pela vontade de Deus, aos santos e fiéis em Cristo Jesus que estão em Éfeso:*
² *A vocês, graça e paz da parte de Deus nosso Pai e do Senhor Jesus Cristo.*
³ *Bendito seja o Deus e Pai de nosso Senhor Jesus Cristo, que nos abençoou com todas as bênçãos espirituais nas regiões celestiais em Cristo.* ⁴ *Porque Deus*

nos escolheu nele antes da criação do mundo, para sermos santos e irrepreensíveis em sua presença. ⁵ Em amor nos predestinou para sermos adotados como filhos, por meio de Jesus Cristo, conforme o bom propósito da sua vontade, ⁶ para o louvor da sua gloriosa graça, a qual nos deu gratuitamente no Amado.
⁷ Nele temos a redenção por meio de seu sangue, o perdão dos pecados, de acordo com as riquezas da graça de Deus, ⁸ a qual ele derramou sobre nós com toda a sabedoria e entendimento. ⁹ E nos revelou o mistério da sua vontade, de acordo com o seu bom propósito que ele estabeleceu em Cristo, ¹⁰ isto é, de fazer convergir em Cristo todas as coisas, celestiais ou terrenas, na dispensação da plenitude dos tempos. ¹¹ Nele fomos também escolhidos, tendo sido predestinados conforme o plano daquele que faz todas as coisas segundo o propósito da sua vontade, ¹² a fim de que nós, os que primeiro esperamos em Cristo, sejamos para o louvor da sua glória.
¹³ Quando vocês ouviram e creram na palavra da verdade, o evangelho que os salvou, vocês foram selados em Cristo com o Espírito Santo da promessa, ¹⁴ que é a garantia da nossa herança até a redenção daqueles que pertencem a Deus, para o louvor da sua glória.

Almeida Revista e Atualizada

¹ Paulo, apóstolo de Cristo Jesus por vontade de Deus, aos santos que vivem em Éfeso e fiéis em Cristo Jesus, ² graça a vós outros e paz, da parte de Deus, nosso Pai, e do Senhor Jesus Cristo.
³ Bendito o Deus e Pai de nosso Senhor Jesus Cristo, que nos tem abençoado com toda sorte de bênção espiritual nas regiões celestiais em Cristo, ⁴ assim como nos escolheu, nele, antes da fundação do mundo, para sermos santos e irrepreensíveis perante ele; e em amor ⁵ nos predestinou para ele, para a adoção de filhos, por meio de Jesus Cristo, segundo o beneplácito de sua vontade, ⁶ para louvor da glória de sua graça, que ele nos concedeu gratuitamente no Amado, ⁷ no qual temos a redenção, pelo seu sangue, a remissão dos pecados, segundo a riqueza da sua graça, ⁸ que Deus derramou abundantemente sobre nós em toda a sabedoria e prudência, ⁹ desvendando-nos o mistério da sua vontade, segundo o seu beneplácito que propusera em Cristo, ¹⁰ de fazer convergir nele, na dispensação da plenitude dos tempos, todas as coisas, tanto as do céu como as da terra; ¹¹ nele, digo, no qual fomos também feitos herança, predestinados segundo o propósito daquele que faz todas as coisas conforme o conselho da sua vontade, ¹² a fim de sermos para louvor da sua glória, nós, os que de antemão esperamos em Cristo; ¹³ em quem também vós, depois que ouvistes a palavra da verdade, o evangelho da vossa salvação, tendo nele também crido, fostes selados com o Santo Espírito da promessa; ¹⁴ o qual é o penhor da nossa herança, até ao resgate da sua propriedade, em louvor da sua glória.

Exploração

1. Cite algumas bênçãos espirituais que temos em Cristo.

_____
_____

2. Deus perdoa nossos pecados por meio do sangue de Cristo. Que diferença isso produz em nosso dia a dia?

_____
_____

3. O que há de especial no fato de Deus nos *escolher* deliberadamente como seu povo?

_____
_____

4. Como Deus escolhe seu povo? Procure embasar sua resposta na Palavra de Deus.

_____
_____

5. Em que sentido o Espírito Santo é o selo de garantia de que pertencemos a Deus?

_____
_____

Inspiração

E você achando que Deus o tivesse adotado por sua aparência. Achando que ele precisava de seu dinheiro ou de sua inteligência. Sinto muito. Deus o adotou simplesmente porque quis. Foi da boa vontade e do agrado dele fazê-lo. Plenamente ciente do problema que você seria e do preço que ele pagaria, Deus inscreveu o nome dele no seu e o levou para casa. Seu *Aba* o adotou e se tornou seu Pai.

Posso fazer uma pausa rápida? A maioria de vocês concorda comigo... mas alguns balançam a cabeça. Posso ver seus olhos céticos. Vocês não acreditam em mim, não é? Estão à espera das letras miúdas do contrato; querem saber onde está a cláusula de contrapartida. Na vida não existe "boca-livre"; onde está, então, a conta?

Seu desconforto é evidente. Nem mesmo aqui, na sala de estar de Deus, vocês se soltam. Os outros puseram chinelos, vocês ainda estão de sapatos. Os outros relaxam, vocês se enrijecem. Sempre bem comportados, sempre com medo de tropeçar e de ser percebidos por Deus e postos para fora.

Entendo essa ansiedade. Nossa experiência com as pessoas nos ensina que aquilo que é prometido nem sempre coincide com o que é concedido. E, para alguns, a ideia de confiar num Pai celestial é duplamente difícil, uma vez que seus pais terrenos os decepcionaram ou os maltrataram.

Se for esse o caso, insisto: não confunda seu Pai celestial com os pais deste mundo. Seu Pai do céu não é propenso a dores de cabeça e acessos de raiva. Ele não o abraça num dia e o espanca no outro. O homem escolhido para ser seu pai aqui na terra pode fazer essas coisas, mas o Deus celestial que o ama jamais o fará.

Trecho de *A grande casa de Deus*

Reação

6. Descreva como é não ser querido. Em que ocasiões a sensação de não pertencimento o afligiu mais intensamente?

_____

_____

7. Descreva como é ser valorizado. Como você descobriu que era amado por alguém? Como essa sensação influencia suas ações?

_____

_____

8. Por que Deus nos valoriza? (Preste atenção às percepções do autor sobre o assunto durante a leitura.)

9. A que conclusões podemos chegar a partir da afirmação de que Deus nos escolheu antes da fundação do mundo?

10. Como podemos agir "para o louvor da glória de Deus" (v. 12)?

11. Descreva alguém que exemplificou a graça de Deus para você.

Lições de vida

Na vida moderna, experimentamos a sensação de "pertencimento" de muitas formas temporárias e superficiais: participando de equipes esportivas, comunidades empresariais, clubes de ginástica, de leitura ou de serviço. A atração que esse tipo de conexão produz mostra o quanto desejamos fazer parte de alguma coisa. O que esses grupos terrenos oferecem parcialmente, Deus, nosso Pai, oferece por inteiro. Ansiamos por pertencer porque fomos criados para isso. Porém, enquanto não soubermos *a quem* pertencer, a vida sempre precisará de propósito e direção. Em Cristo encontramos a verdadeira sensação de pertencimento. Quando reconhecemos que Deus nos escolheu e que pertencemos a ele, uma grandiosa aventura de liberdade e serviço por Cristo se inicia.

Devoção

Obrigado, Deus, por nos escolheres. Que sejamos despertados por teu amor a realizar grandes obras, sem, no entanto, substituí-las por

tua imensa graça. Que possamos sempre ouvir a tua voz. Mantém-
-nos maravilhados e deslumbrados por aquilo que fizeste por nós.

- Para mais passagens bíblicas sobre ser filho de Deus, leia
  João 1.11-13; Romanos 8.15-17; Gálatas 3.26—4.7; Hebreus 12.8-11.
- Para completar o livro de Efésios durante este estudo em
  doze partes, leia Efésios 1.1-14.

Para pensar

Que situações eu enfrentarei mais efetivamente esta semana se me
lembrar de que sou escolhido e valorizado por Deus?

LIÇÃO 2

O PODER DA NOSSA FÉ

Reflexão
Poder e fé raramente aparecem juntos na mesma frase. As pessoas costumam pensar na fé como uma característica que produz persistência, conforto e, talvez, influência com Deus. Mas fé poderosa? Quem passa algum tempo com fiéis autênticos descobre que existe poder na fé, ou, mais precisamente, poder liberado pela fé. Você é capaz de citar duas ou três pessoas que, a seu ver, possuem uma fé poderosa em Deus? Quais são as evidências dessa fé?

Situação
Como era comum na maioria de suas cartas para as igrejas, Paulo orava antes, durante e depois de escrever. Ele descrevia sua maneira de orar por outros cristãos, dando exemplos admiráveis de oração de encorajamento. Não eram súplicas casuais ou superficiais, mas anseios profundos expressos a Deus em favor de outras pessoas. Na oração que veremos a seguir, Paulo detalha o poder extraordinário que temos como cristãos.

Observação
Leia Efésios 1.15-23 da NVI ou da RA.

Nova Versão Internacional
[15] Por essa razão, desde que ouvi falar da fé que vocês têm no Senhor Jesus e do amor que demonstram para com todos os santos, [16] não deixo de dar graças por vocês, mencionando-os em minhas orações. [17] Peço que o Deus de nosso Senhor Jesus Cristo, o glorioso Pai, lhes dê espírito de sabedoria e de revelação, no pleno conhecimento dele. [18] Oro também para que os olhos do coração de vocês

sejam iluminados, a fim de que vocês conheçam a esperança para a qual ele os chamou, as riquezas da gloriosa herança dele nos santos ¹⁹ e a incomparável grandeza do seu poder para conosco, os que cremos, conforme a atuação da sua poderosa força. ²⁰ Esse poder ele exerceu em Cristo, ressuscitando-o dos mortos e fazendo-o assentar-se à sua direita, nas regiões celestiais, ²¹ muito acima de todo governo e autoridade, poder e domínio, e de todo nome que se possa mencionar, não apenas nesta era, mas também na que há de vir. ²² Deus colocou todas as coisas debaixo de seus pés e o designou cabeça de todas as coisas para a igreja, ²³ que é o seu corpo, a plenitude daquele que enche todas as coisas, em toda e qualquer circunstância.

Almeida Revista e Atualizada

¹⁵ Por isso, também eu, tendo ouvido a fé que há entre vós no Senhor Jesus e o amor para com todos os santos, ¹⁶ não cesso de dar graças por vós, fazendo menção de vós nas minhas orações, ¹⁷ para que o Deus de nosso Senhor Jesus Cristo, o Pai da glória, vos conceda espírito de sabedoria e de revelação no pleno conhecimento dele, ¹⁸ iluminados os olhos do vosso coração, para saberdes qual é a esperança do seu chamamento, qual a riqueza da glória da sua herança nos santos ¹⁹ e qual a suprema grandeza do seu poder para com os que cremos, segundo a eficácia da força do seu poder; ²⁰ o qual exerceu ele em Cristo, ressuscitando-o dentre os mortos e fazendo-o sentar à sua direita nos lugares celestiais, ²¹ acima de todo principado, e potestade, e poder, e domínio, e de todo nome que se possa referir não só no presente século, mas também no vindouro. ²² E pôs todas as coisas debaixo dos pés e, para ser o cabeça sobre todas as coisas, o deu à igreja, ²³ a qual é o seu corpo, a plenitude daquele que a tudo enche em todas as coisas.

Exploração

1. Por que a fé produz algo diferente em nós?

_____

_____

2. Paulo orou para que os efésios tivessem um espírito de sabedoria e de revelação, "no pleno conhecimento" de Deus (v. 17). Como é o processo de conhecer melhor a Deus?

_____

_____

3. A quais bênçãos ricas e generosas prometidas por Deus você se apega em sua vida?

_____

_____

4. O mesmo poder que ressuscitou Cristo dos mortos opera por meio de nossa fé. Como devemos fazer uso desse poder?

_____

_____

5. Se Deus está acima de todo governo, autoridade e poder deste mundo, por que ainda existem ditadores malévolos?

_____

_____

Inspiração

Quando cremos em Cristo, ele opera um milagre em nós. "Quando vocês ouviram e creram na palavra da verdade, o evangelho que os salvou, vocês foram selados em Cristo com o Espírito Santo da promessa" (Ef 1.13). Somos para sempre purificados e fortalecidos pelo próprio Deus. A mensagem de Jesus a quem se diz religioso é simples: não se trata do que você faz, mas sim do que eu faço. Eu estou em você. E, com o tempo, poderemos dizer com Paulo: "Já não sou eu quem vive, mas Cristo vive em mim" (Gl 2.20). Já não somos um calhambeque, nem mesmo um calhambeque bonitinho. Somos, agora, uma máquina possante e veloz, pronta para disputar a Fórmula 1.

"Se isso é verdade, Max, por que, então, eu vivo pifando? Se eu nasci de novo, por que caio tantas vezes?"

Por que você cai com tanta frequência após seu nascimento natural? Por acaso você já saiu do útero usando tênis de corrida? Já sabia se alongar no dia do parto? Claro que não! A verdade é que, em seus primeiros passos, você mais caía que permanecia em pé. Devemos esperar algo diferente em nossa caminhada espiritual?

"Mas eu caio tantas vezes que acabo duvidando de minha salvação." Vamos relembrar o seu primeiro nascimento. Você não tropeçava enquanto aprendia a andar? E, ao tropeçar, você questionava a validade de seu nascimento físico? Alguma vez, estatelado no chão, você, com um ano de idade, sacudiu a cabeça e pensou: "Caí de novo; acho que não sou humano"?

É claro que não. Os tropeços do bebê não invalidam seu nascimento físico. Da mesma forma, os tropeços do cristão não anulam seu nascimento espiritual.

Você compreende o que Deus fez? Ele depositou uma semente de Cristo em você. À medida que ela for crescendo, você se transformará. Não é que o pecado não terá mais lugar em sua vida, mas sim que o pecado já não terá poder sobre ela. A tentação irá perturbá-lo, mas não o controlará. Ah, que esperança essa verdade nos oferece!

Nicodemos de todo o mundo, prestem atenção: isso não acontece por mérito seu. Dentro de você habita um poder em crescimento. Confie nele.

Pense da seguinte forma: imagine que você, na maior parte da vida, sofreu um problema cardíaco. Seu bombeador de sangue é frágil e limita suas atividades. Manhã após manhã, no trabalho, enquanto seus colegas saudáveis sobem as escadas, você precisa esperar o elevador.

Então ocorre o transplante. Um coração saudável é implantado. Após o período de recuperação, você retorna ao trabalho e encontra o lance de escadas — o mesmo lance de escadas sempre evitado anteriormente. Por força do hábito, você aperta o botão do elevador. Mas é nesse momento que sua mente se lembra. Você já não é a mesma pessoa. Você possui um novo coração. Dentro de você habita uma nova força.

Você vive como a pessoa antiga ou como a nova? Considera-se dono de um coração novo ou antigo? É preciso fazer a escolha.

Talvez você diga: "Não consigo subir as escadas; sou fraco demais". Será que sua decisão recusa-se a admitir a presença de um novo coração? Ignora o trabalho do cirurgião? De jeito nenhum.

Optar pelo elevador só sugere uma coisa: você não aprendeu a confiar em sua nova força.

Leva tempo. Em algum momento, porém, você terá de tentar as escadas. Precisará testar o novo bombeador. Será necessário experimentar o seu novo eu. Se não o fizer, você logo perderá o fôlego e o ânimo.

Trecho de O SALVADOR MORA AO LADO

Reação

6. De que modo a soberania de Deus e o livre-arbítrio do homem coexistem? (Sempre que for possível, baseie sua resposta na passagem de Efésios desta lição.)

7. Que relação existe entre o livre-arbítrio e a salvação?

8. O que em sua salvação faz você confiar ativamente em Deus? Isso se aplica a quais áreas de sua vida?

9. Com base nas afirmações de Paulo na passagem desta lição, descreva o relacionamento de Deus com a igreja (cf. tb. Ef 5.22-32 e Cl 1.18-20.)

10. Como Paulo descreveria a qualidade da fé que você encontra ao seu redor hoje? Trata-se de uma "fé elevador" ou de uma "fé escadaria"?

11. Uma vez que, nas palavras de Paulo, a igreja é o corpo de Cristo, em que sentido ela está cheia da plenitude de Cristo?

Lições de vida

A oração de Paulo pelos efésios oferece um poderoso esboço de como orar em favor de outros cristãos. Podemos pedir que Deus lhes conceda crescimento espiritual, não porque eles se esforçam mais, mas porque Deus derrama a si mesmo sobre eles. Podemos orar para que conheçam melhor a Deus. O "conhecimento" de que o apóstolo fala aqui não consiste em compreender a Deus, mas sim em criar intimidade com ele. Podemos orar pedindo que sejam selados com o Espírito Santo, a marca de que são o povo de Deus (1.13-14), e conduzidos a uma apreciação plena da salvação em Cristo Jesus.

Devoção

Bendito Senhor e Deus, nós nos chegamos a ti, cientes de que governas nosso mundo. Tu te fizeste carne, habitaste entre nós, conheceste-nos em nossa condição decaída, estendeste-nos a mão e nos puxaste para ti. Ofereceste-nos salvação; ofereceste-nos misericórdia. Somos eternamente gratos.

- Para mais passagens bíblicas sobre a poderosa salvação de Deus, leia Romanos 8.28-30; 1Timóteo 2.3-6; Tito 3.4-7.
- Para completar o livro de Efésios durante este estudo em doze partes, leia Efésios 1.15-23.

Para pensar

Como eu demonstro gratidão por minha salvação?

LIÇÃO 3

Tenha misericórdia!

Reflexão
Imagine que você está dando uma aula sobre misericórdia para a sala de crianças na escola dominical. Que ilustrações de sua vida você usaria para descrever a sensação de receber misericórdia? Como explicaria o que é ser misericordioso com alguém? O que a misericórdia significa para você?

Situação
Depois de lançar o alicerce de nossa vida em Cristo pelo poder da ressurreição, Paulo expõe o tema da salvação, recapitulando os meios misericordiosos usados por Deus para nos incorporar à família celestial. O apóstolo analisa a relação fundamental entre fé, graça e as ações/obras que fluem de nossa salvação.

Observação
Leia Efésios 2.1-10 da NVI ou da RA.

Nova Versão Internacional
¹ Vocês estavam mortos em suas transgressões e pecados, ² nos quais costumavam viver, quando seguiam a presente ordem deste mundo e o príncipe do poder do ar, o espírito que agora está atuando nos que vivem na desobediência. ³ Anteriormente, todos nós também vivíamos entre eles, satisfazendo as vontades da nossa carne, seguindo os seus desejos e pensamentos. Como os outros, éramos por natureza merecedores da ira. ⁴ Todavia, Deus, que é rico em misericórdia, pelo grande amor com que nos amou, ⁵ deu-nos vida com Cristo, quando ainda estávamos mortos em transgressões — pela graça vocês são salvos. ⁶ Deus nos ressuscitou com Cristo e com ele nos fez assentar nas regiões celestiais em Cristo Jesus, ⁷ para mostrar, nas eras que hão de vir, a incomparável

riqueza de sua graça, demonstrada em sua bondade para conosco em Cristo Jesus. *⁸ Pois vocês são salvos pela graça, por meio da fé, e isto não vem de vocês, é dom de Deus; ⁹ não por obras, para que ninguém se glorie. ¹⁰ Porque somos criação de Deus realizada em Cristo Jesus para fazermos boas obras, as quais Deus preparou antes para nós as praticarmos.*

Almeida Revista e Atualizada

¹ Ele vos deu vida, estando vós mortos nos vossos delitos e pecados, ² nos quais andastes outrora, segundo o curso deste mundo, segundo o príncipe da potestade do ar, do espírito que agora atua nos filhos da desobediência; ³ entre os quais também todos nós andamos outrora, segundo as inclinações da nossa carne, fazendo a vontade da carne e dos pensamentos; e éramos, por natureza, filhos da ira, como também os demais. ⁴ Mas Deus, sendo rico em misericórdia, por causa do grande amor com que nos amou, ⁵ e estando nós mortos em nossos delitos, nos deu vida juntamente com Cristo, — pela graça sois salvos, ⁶ e, juntamente com ele, nos ressuscitou, e nos fez assentar nos lugares celestiais em Cristo Jesus; ⁷ para mostrar, nos séculos vindouros, a suprema riqueza da sua graça, em bondade para conosco, em Cristo Jesus. ⁸ Porque pela graça sois salvos, mediante a fé; e isto não vem de vós; é dom de Deus; ⁹ não de obras, para que ninguém se glorie. ¹⁰ Pois somos feitura dele, criados em Cristo Jesus para boas obras, as quais Deus de antemão preparou para que andássemos nelas.

Exploração

1. Existe algo que você fazia no passado e que agora, por ser cristão, não deseja fazer nunca mais? Em outras palavras, que mudanças específicas ocorreram por causa da presença de Cristo em sua vida?

2. Por que o pecado provoca a ira de Deus?

3. De que maneira a expressão "espiritualmente morta" é precisa para descrever uma vida sem fé em Cristo?

4. Explique a relação entre Jesus e o dom da salvação.

_____

_____

5. Por que às vezes relacionamos a salvação a nossos esforços pessoais?

_____

_____

Inspiração

Se o Senhor é o pastor que conduz o rebanho, bondade e misericórdia são os dois cães pastores que protegem a retaguarda. Bondade e misericórdia. Não bondade apenas, pois somos pecadores que necessitam de misericórdia. Não misericórdia apenas, pois somos frágeis e carentes de bondade. Precisamos das duas coisas.

Bondade e misericórdia — a escolta celestial do rebanho de Deus. Se essa dupla não reforçar sua fé, tente a seguinte frase: "Todos os dias da minha vida".

Que declaração incrível! Perceba a grandiosidade dela! Bondade e misericórdia acompanham os filhos de Deus a cada dia, todos os dias! Pense nos dias que ainda estão por vir. O que você avista? Dias em casa com crianças pequenas? Deus estará ao seu lado. Dias num emprego insuportável? Ele caminhará com você. Dias de solidão? Ele o conduzirá pela mão. Certamente a bondade e a misericórdia me acompanharão — não alguns, nem a maioria, não quase todos — todos os dias da minha vida.

E o que ele fará nesses dias? Ele — eis minha palavra favorita — "acompanhará" você.

Que maneira surpreendente de descrever a Deus! Estamos acostumados a um Deus que permanece num só lugar. Um Deus entronizado nos céus que dali governa e dá ordens. Davi, no entanto, visualiza um Deus ativo e móvel. Ousamos fazer o mesmo? Atrevemo-nos a imaginar um Deus que nos acompanha? Que nos persegue? Que corre atrás de nós? Que segue nosso rastro e nos alcança? Que nos acompanha com "bondade e misericórdia" todos os dias de nossa vida?

Acaso não é esse o tipo de Deus descrito na Bíblia?

Trecho de *Aliviando a bagagem*

Reação

6. Se Deus não fosse misericordioso, como seria nossa vida?

_____

_____

7. Relembre alguma ocasião em que você teve oportunidade de mostrar misericórdia, mas não o fez.

_____

_____

8. Descreva um ato de misericórdia que você presenciou recentemente.

_____

_____

9. Qual o perigo da fé baseada em obras? Como discernir entre fé baseada em obras e obras baseadas na fé?

_____

10. Como era sua vida antes da salvação?

_____

_____

11. De que modo, como cristãos, podemos demonstrar as grandes riquezas da graça de Deus?

_____

_____

Lições de vida

Vivendo num mundo imperfeito, gostamos de pensar que nossas recompensas estão relacionadas a nosso comportamento. Quem não se esforça nem trabalha duro não deveria obter os mesmos benefícios de quem faz isso, certo? Porém, quando aplicamos esse princípio a um Deus perfeito com padrões absolutos, nossos débeis esforços se mostram insatisfatórios. Não importa quanto nos empenhemos, não chegamos nem perto da perfeição. Sem a misericórdia e a graça de Deus, estamos presos na imperfeição. Emperrados e sem esperança. Completamente paralisados. Então a misericórdia de Deus vem e nos põe em movimento. A misericórdia divina nos salva mediante Jesus Cristo. E, uma vez que continuamos a viver num mundo imperfeito onde prosseguimos fracassando, a misericórdia de Deus continua a nos pôr em movimento.

Devoção

Eis-nos aqui, Pai. Nós nos chamamos de teu povo e, no entanto, carregamos a mala cheia de uma semana de preocupações. Chegamos a ti exatamente como somos, sem procurar esconder nossos erros e fraquezas. Necessitamos de tua misericórdia e graça. Pai, corrige-nos e torna-nos melhor do que podemos ser sem ti.

- Para mais passagens bíblicas sobre a misericórdia de Deus, leia Neemias 9.29-31; Miqueias 7.18-20; Lucas 6.34-36; 1Timóteo 1.15-16.
- Para completar o livro de Efésios durante este estudo em doze partes, leia Efésios 2.1-10.

Para pensar

Em que situações posso usar a minha vida para mostrar mais misercórdia?

LIÇÃO 4

Laços familiares e manchas raciais

Reflexão
Na época de Paulo, os cristãos primitivos enfrentavam problemas com preconceito, racismo e orgulho. Hoje em dia, as pessoas na igreja tampouco são perfeitas. Por alguns instantes, reflita sobre seus relacionamentos com a família de Deus. Será que você ergue muros e barreiras? De que modo as partes positivas desses relacionamentos e experiências moldaram você como pessoa?

Situação
Na maioria das cidades onde o cristianismo era pregado, a sociedade podia ser dividida em dois grupos: judeus deslocados e todos os demais (gentios). Éfeso não era exceção. Muitas vezes, nessas cidades, havia uma trégua entre os grupos em prol dos negócios e da paz. O evangelho gerou uma nova e inesperada tensão. Isso se deu pelo fato de o cristianismo ter removido as barreiras sociais e religiosas naturais aos dois grupos. Esse desenvolvimento nem sempre era bem-vindo, pois alguns desejavam que a "separação" fosse mantida. Paulo, porém, sempre ensinou que, em Cristo, pessoas de diferentes origens compõem um só corpo.

Observação
Leia Efésios 2.11-22 da NVI ou da RA.

Nova Versão Internacional
¹¹ Portanto, lembrem-se de que anteriormente vocês eram gentios por nascimento e chamados incircuncisão pelos que se chamam circuncisão, feita no corpo por mãos humanas, e que ¹² naquela época vocês estavam sem Cristo, separados

da comunidade de Israel, sendo estrangeiros quanto às alianças da promessa, sem esperança e sem Deus no mundo. ¹³ Mas agora, em Cristo Jesus, vocês, que antes estavam longe, foram aproximados mediante o sangue de Cristo.
¹⁴ Pois ele é a nossa paz, o qual de ambos fez um e destruiu a barreira, o muro de inimizade, ¹⁵ anulando em seu corpo a Lei dos mandamentos expressa em ordenanças. O objetivo dele era criar em si mesmo, dos dois, um novo homem, fazendo a paz, ¹⁶ e reconciliar com Deus os dois em um corpo, por meio da cruz, pela qual ele destruiu a inimizade. ¹⁷ Ele veio e anunciou paz a vocês que estavam longe e paz aos que estavam perto, ¹⁸ pois por meio dele tanto nós como vocês temos acesso ao Pai, por um só Espírito.
¹⁹ Portanto, vocês já não são estrangeiros nem forasteiros, mas concidadãos dos santos e membros da família de Deus, ²⁰ edificados sobre o fundamento dos apóstolos e dos profetas, tendo Jesus Cristo como pedra angular, ²¹ no qual todo o edifício é ajustado e cresce para tornar-se um santuário santo no Senhor. ²² Nele vocês também estão sendo edificados juntos, para se tornarem morada de Deus por seu Espírito.

Almeida Revista e Atualizada

¹¹ Portanto, lembrai-vos de que, outrora, vós, gentios na carne, chamados incircuncisão por aqueles que se intitulam circuncisos, na carne, por mãos humanas, ¹² naquele tempo, estáveis sem Cristo, separados da comunidade de Israel e estranhos às alianças da promessa, não tendo esperança e sem Deus no mundo. ¹³ Mas, agora, em Cristo Jesus, vós, que antes estáveis longe, fostes aproximados pelo sangue de Cristo. ¹⁴ Porque ele é a nossa paz, o qual de ambos fez um; e, tendo derribado a parede da separação que estava no meio, a inimizade, ¹⁵ aboliu, na sua carne, a lei dos mandamentos na forma de ordenanças, para que dos dois criasse, em si mesmo, um novo homem, fazendo a paz, ¹⁶ e reconciliasse ambos em um só corpo com Deus, por intermédio da cruz, destruindo por ela a inimizade. ¹⁷ E, vindo, evangelizou paz a vós outros que estáveis longe e paz também aos que estavam perto; ¹⁸ porque, por ele, ambos temos acesso ao Pai em um Espírito. ¹⁹ Assim, já não sois estrangeiros e peregrinos, mas concidadãos dos santos, e sois da família de Deus, ²⁰ edificados sobre o fundamento dos apóstolos e profetas, sendo ele mesmo, Cristo Jesus, a pedra angular; ²¹ no qual todo o edifício, bem ajustado, cresce para santuário dedicado ao Senhor, ²² no qual também vós juntamente estais sendo edificados para habitação de Deus no Espírito.

Exploração

1. Cite algumas características que separavam judeus e gentios.

2. O que Paulo quer dizer quando afirma que Cristo é a nossa "paz"?

3. Antes da morte de Cristo, a nação judaica julgava sua retidão de acordo com a obediência a inúmeras leis, regulamentos e sacrifícios. De que modo a vida e a morte de Jesus contestam esse conceito de justificação?

4. Com a morte e a ressurreição de Cristo, passamos de criaturas para filhos de Deus. Qual a diferença no modo de nos relacionarmos com Deus que essa transformação trouxe? (Para ajuda extra, ver Rm 8.13-17.)

5. A passagem anterior compara a igreja de Cristo com um edifício de muitas pedras. Essa analogia é adequada para descrever a igreja de hoje?

Inspiração

Somos especialistas em discussões do tipo "tenho razão". Escrevemos livros sobre o que o outro faz de errado. Fazemos mestrado em fofocas e doutorado em divulgar fraquezas alheias. Nós nos dividimos em pequenos grupelhos e depois — Deus nos perdoe — nos dividimos novamente.

Nossas diferenças dividem tanto assim? Nossas opiniões incomodam tanto assim? Nossas paredes são tão largas assim? É *tão impossível assim* encontrar uma causa comum?

"Que todos sejam um", orou Jesus.

Um. Não um em grupos de dois mil. Mas um em Um. *Uma* igreja. *Uma* fé. *Um* Senhor. Não batista, metodista ou adventista. Apenas cristão. Sem denominações. Sem hierarquias. Sem tradições. Apenas Cristo.

Idealista demais? Impossível de alcançar? Não acho. Coisas difíceis foram feitas, você sabe. Certa vez, por exemplo, em cima de um madeiro, um Criador deu sua vida em favor de sua criação. Talvez tudo de que precisemos sejam alguns corações dispostos a seguir o exemplo.

Trecho de *Seu nome é salvador*

Reação

6. Quais eram as implicações raciais da paz instaurada por Cristo?

_____
_____

7. Um dos esforços de Cristo era o de dar fim ao ódio racial e cultural. Como a igreja atual pode colaborar nesse aspecto?

_____
_____

8. Quais os melhores benefícios que você descobriu ao pertencer à família de Deus?

_____
_____

9. De que maneira a morte de Cristo nos torna filhos de Deus?

10. Que obstáculos à unidade em Cristo você tem presenciado em sua igreja local?

11. O que é importante no fato de Jesus ser a pedra angular da igreja? Como essa verdade pode gerar maior unidade entre os cristãos?

Lições de vida

Jesus encerrou o Sermão do Monte afirmando que crer nele e praticar o que ele ensina era como construir uma casa na rocha (cf. Mt 7.24-27). Paulo retoma esse princípio em seu ensino sobre a igreja. Tudo depende de Cristo. A fidelidade a ele determina todas as ações e decisões. Jesus é o equalizador final. Num mundo em que temos orgulho do que nos torna diferentes (melhores) dos outros, Jesus proporciona um lugar onde todos somos iguais. Ele afirma que os muros que construímos são irrelevantes, e seu desejo é que os removamos. Jesus não oferece uma alternativa; ele chega até nós com o plano original e uma maneira de retomá-lo. Ele é o caminho.

Devoção

Pai, ao nos propormos à tarefa de ser o teu povo, oramos pedindo que tu nos ajudes. Que glorifiquemos teu nome, tenhamos a mente aberta, sejamos sinceros e estejamos dispostos a mudar e a crescer. Nós te agradecemos, Senhor, pelo privilégio de estar em tua família.

- Para mais passagens bíblicas sobre a família de Deus, leia Atos 13.44-48; Romanos 8.13-17; 2Coríntios 5.14-15; Gálatas 3.26-29; 1Timóteo 2.3-4.

- Para completar o livro de Efésios durante este estudo em doze partes, leia Efésios 2.11-22.

Para pensar

Quais são meus privilégios e responsabilidades na família de Deus?

LIÇÃO 5

DEUS TINHA UM SEGREDO?

REFLEXÃO
Segredos e mistérios são seletivos. Afinal, só são segredos e mistérios para quem não os conhece. Deus, no entanto, sempre conheceu seus planos. E, graciosamente, ele os revelou à sua criação no momento oportuno. Um segredo há muito tempo guardado pode ter efeitos maravilhosos quando é revelado! Houve alguma ocasião em que alguém preparou uma festa surpresa para você ou lhe deu um presente que, até então, era segredo? Como você se sentiu ao receber a surpresa?

SITUAÇÃO
É impressionante a confiança que Paulo tem ao falar a respeito da unidade dos crentes em Jesus. Uma das principais razões de sua segurança consiste em seu conhecimento das Escrituras do Antigo Testamento. O apóstolo percebeu que a mensagem do evangelho, com sua inclusão dos gentios, sempre esteve lá, oculta a uma visão superficial. Porém, graças a Jesus Cristo, ela foi revelada ao mundo. Paulo, portanto, descreve o desenrolar do plano divino, antes misterioso, mas agora um segredo revelado.

OBSERVAÇÃO
Leia Efésios 3.1-13 da NVI ou da RA.

Nova Versão Internacional
¹ Por essa razão oro, eu, Paulo, prisioneiro de Cristo Jesus, em favor de vocês, gentios.
² Certamente vocês ouviram falar da responsabilidade imposta a mim em favor de vocês pela graça de Deus, ³ isto é, o mistério que me foi dado a

conhecer por revelação, como já lhes escrevi em poucas palavras. ⁴ *Ao lerem isso vocês poderão entender a minha compreensão do mistério de Cristo.* ⁵ *Esse mistério não foi dado a conhecer aos homens doutras gerações, mas agora foi revelado pelo Espírito aos santos apóstolos e profetas de Deus,* ⁶ *significando que, mediante o evangelho, os gentios são co-herdeiros com Israel, membros do mesmo corpo, e co-participantes da promessa em Cristo Jesus.* ⁷ *Deste evangelho me tornei ministro pelo dom da graça de Deus, a mim concedida pela operação de seu poder.*

⁸ *Embora eu seja o menor dos menores de todos os santos, foi-me concedida esta graça de anunciar aos gentios as insondáveis riquezas de Cristo* ⁹ *e esclarecer a todos a administração deste mistério que, durante as épocas passadas, foi mantido oculto em Deus, que criou todas as coisas.* ¹⁰ *A intenção dessa graça era que agora, mediante a igreja, a multiforme sabedoria de Deus se tornasse conhecida dos poderes e autoridades nas regiões celestiais,* ¹¹ *de acordo com o seu eterno plano que ele realizou em Cristo Jesus, nosso Senhor,* ¹² *por intermédio de quem temos livre acesso a Deus em confiança, pela fé nele.* ¹³ *Portanto, peço-lhes que não desanimem por causa das minhas tribulações em seu favor, pois elas são uma glória para vocês.*

Almeida Revista e Atualizada

¹ *Por esta causa eu, Paulo, sou o prisioneiro de Cristo Jesus, por amor de vós, gentios,* ² *se é que tendes ouvido a respeito da dispensação da graça de Deus a mim confiada para vós outros;* ³ *pois, segundo uma revelação, me foi dado conhecer o mistério, conforme escrevi há pouco, resumidamente;* ⁴ *pelo que, quando ledes, podeis compreender o meu discernimento do mistério de Cristo,* ⁵ *o qual, em outras gerações, não foi dado a conhecer aos filhos dos homens, como, agora, foi revelado aos seus santos apóstolos e profetas, no Espírito,* ⁶ *a saber, que os gentios são co-herdeiros, membros do mesmo corpo e co-participantes da promessa em Cristo Jesus por meio do evangelho;* ⁷ *do qual fui constituído ministro conforme o dom da graça de Deus a mim concedida segundo a força operante do seu poder.* ⁸ *A mim, o menor de todos os santos, me foi dada esta graça de pregar aos gentios o evangelho das insondáveis riquezas de Cristo* ⁹ *e manifestar qual seja a dispensação do mistério, desde os séculos, oculto em Deus, que criou todas as coisas,* ¹⁰ *para que, pela igreja, a multiforme sabedoria de Deus se torne conhecida, agora, dos principados e potestades nos lugares celestiais,* ¹¹ *segundo o eterno propósito que estabeleceu em Cristo Jesus, nosso Senhor,* ¹² *pelo qual temos ousadia e acesso com confiança, mediante a fé nele.* ¹³ *Portanto, vos peço que não desfaleçais nas minhas tribulações por vós, pois nisso está a vossa glória.*

Exploração

1. Paulo, judeu de nascimento, tornou-se missionário dos gentios num momento em que os judeus encontravam sua identidade no fato de serem o único povo escolhido de Deus. Que consequências o apóstolo teria de pagar por suas ações (cf., p. ex., 2Co 11.16-33)?

_____

_____

2. Por que Paulo descreve o plano de Deus (i. e., oferecer salvação a todos) como "mistério"?

_____

_____

3. Por que os líderes judeus se sentiam ameaçados pela insistência de Paulo no fato de Deus ter incluído todos os povos em seu plano de salvação?

_____

_____

4. Em sua opinião, por que Paulo se considerava o menos importante de todo o povo de Deus?

_____

_____

5. Por intermédio de Cristo, podemos ter acesso a Deus com liberdade e sem medo. Em que aspectos esse acesso era diferente antes da encarnação de Cristo?

_____

_____

Inspiração

Como seria isso de se tornar carne?

Há pouco tempo essa pergunta me veio à mente, enquanto eu jogava golfe. À espera de minha vez de jogar, me abaixei para limpar a bola e reparei numa montanha de formigas ao lado. Devia haver dezenas delas, uma em cima da outra. Era uma pirâmide viva com pelo menos dois centímetros e meio de altura.

Não sei o que você pensa quando vê formigas na grama enquanto espera sua tacada. Eu pensei o seguinte: "Por que vocês estão todas amontoadas umas sobre as outras? Vejam o gramado todo ao redor só para vocês!". Foi então que me veio a resposta: essas formigas estão nervosas. Quem pode culpá-las? Elas vivem sob uma constante chuva de meteoros. De poucos em poucos minutos, uma esfera com pequenas cavidades colide com seu mundinho. *Bam! Bam! Bam!* E, assim que o bombardeio termina, aparecem os gigantes com seus tacos. Se conseguir sobreviver aos pés e bastões deles, na sequência eles rolam um meteoro em cima de você. Um campo de golfe certamente não é lugar para uma formiga.

Sendo assim, tentei ajudá-las. Curvei-me até onde elas pudessem me ouvir e fiz o convite: "Venham, sigam-me. Vamos encontrar um lugar legal no gramado. Conheço bem aqui". Ninguém olhou na minha direção. "Ei, formigas! Estou falando com vocês!".

Nada de resposta. Então me dei conta de que eu não falo a língua delas. Não sei falar formiguês. Sei falar até um pouco de português, mas de formiguês não entendo nada.

Que fazer, então, para alcançá-las? Só há um jeito: eu preciso me tornar uma formiga. Passar de quase 1,90 metro de altura para alguns milímetros. De mais de 90 quilos para alguns décimos de grama. Trocar meu mundo enorme pelo minúsculo delas. Abrir mão de hambúrgueres e me contentar em comer mato. "Não, obrigado", pensei. Além do mais, tinha chegado a minha vez de jogar.

O amor percorre a distância. Cristo viajou da eternidade ilimitável para ser confinado no tempo e se tornar um de nós. Ele não tinha de fazer isso. Ele poderia ter desistido. Em qualquer instante do caminho ele poderia abrir mão da ideia... Mas ele não desistiu, pois ele é amor. E "o amor [...] tudo suporta" (1Co 13.4-7). Ele suportou a distância.

Trecho de *Um amor que vale a pena*

Reação

6. O mistério da salvação de Deus é, de fato, grandioso demais para entendermos plenamente. Em que, portanto, se baseia nossa fé na salvação e no amor de Deus?

_____

_____

7. Em sua vida diária, quais são as coisas de que você faz uso ou se beneficia, mesmo sem entender?

_____

_____

8. Como você descreveria o amor divino a alguém que nunca ouviu falar de Deus?

_____

_____

9. A que tipo de sofrimento Paulo se referia no último versículo da passagem desta lição?

_____

_____

10. Em que sentido a salvação de Deus por meio de Cristo não é um mistério completo?

_____

_____

11. Você já experimentou as "riquezas de Cristo" em sua vida?

_____

_____

Lições de vida

Diariamente fazemos uso de itens cujo funcionamento não entendemos. Dirigimos carros, utilizamos copiadoras, operamos computadores e realizamos diversas outras tarefas com uma noção mínima do que faz um carro correr, uma copiadora copiar ou um computador operar. O mesmo acontece com o mistério que é estar em Cristo. Não é preciso compreender plenamente a graça de Deus para desfrutar dela por completo. Não é necessário entender (e certamente jamais entenderemos neste lado da eternidade) por que Deus nos ama, mas isso nunca deveria nos impedir de experimentar o amor divino e desfrutar dele.

Devoção

Pai, nós olhamos para teu plano e vemos que ele é todo baseado em teu amor, e não em nosso comportamento. Ajuda-nos a entender isso. Ensina-nos a sermos cativados por teu amor. Faze que sejamos tomados por tua graça. Lembra-nos de viver uma vida de gratidão.

- Para mais passagens bíblicas sobre provisão de Deus mediante Cristo, leia João 3.16; 15.12; Romanos 5.8; 8.35-37; 1João 3.1.
- Para completar o livro de Efésios durante este estudo em doze partes, leia Efésios 3.1-13.

Para pensar

Em quais situações de minha vida eu me senti mais amado por Deus?

LIÇÃO 6

O MARAVILHOSO AMOR DE CRISTO

REFLEXÃO
Não é possível vê-lo nem tocá-lo, mas o amor é uma força poderosa. Qual foi a última vez que você ficou de fato maravilhado com o amor de alguém por você? Descreva a experiência.

SITUAÇÃO
Entre as características pessoais que Paulo revela em suas cartas, ao menos uma se destaca claramente: ele estava sempre orando. Essa epístola se iniciou com uma oração e, agora, à medida que o apóstolo conclui a seção de ensino de sua mensagem, ele volta a orar pelos efésios, expressando seus votos por eles na caminhada com Deus.

OBSERVAÇÃO
Leia Efésios 3.14-21 da NVI ou da RA.

Nova Versão Internacional
[14] Por essa razão, ajoelho-me diante do Pai, [15] do qual recebe o nome toda a família nos céus e na terra. [16] Oro para que, com as suas gloriosas riquezas, ele os fortaleça no íntimo do seu ser com poder, por meio do seu Espírito, [17] para que Cristo habite no coração de vocês mediante a fé; e oro para que, estando arraigados e alicerçados em amor, [18] vocês possam, juntamente com todos os santos, compreender a largura, o comprimento, a altura e a profundidade, [19] e conhecer o amor de Cristo que excede todo conhecimento, para que vocês sejam cheios de toda a plenitude de Deus.
[20] Àquele que é capaz de fazer infinitamente mais do que tudo o que pedimos ou pensamos, de acordo com o seu poder que atua em nós, [21] a ele seja a glória na igreja e em Cristo Jesus, por todas as gerações, para todo o sempre! Amém!

Almeida Revista e Atualizada

¹⁴ Por esta causa, me ponho de joelhos diante do Pai, ¹⁵ de quem toma o nome toda família, tanto no céu como sobre a terra, ¹⁶ para que, segundo a riqueza da sua glória, vos conceda que sejais fortalecidos com poder, mediante o seu Espírito no homem interior; ¹⁷ e, assim, habite Cristo no vosso coração, pela fé, estando vós arraigados e alicerçados em amor,

¹⁸ a fim de poderdes compreender, com todos os santos, qual é a largura, e o comprimento, e a altura, e a profundidade ¹⁹ e conhecer o amor de Cristo, que excede todo entendimento, para que sejais tomados de toda a plenitude de Deus.

²⁰ Ora, àquele que é poderoso para fazer infinitamente mais do que tudo quanto pedimos ou pensamos, conforme o seu poder que opera em nós, ²¹ a ele seja a glória, na igreja e em Cristo Jesus, por todas as gerações, para todo o sempre. Amém!

Exploração

1. De que modo "toda a família nos céus e na terra" (v. 15) recebe o nome de Deus?

_____

_____

2. Paulo orou pedindo que os efésios fossem fortalecidos "no íntimo do seu ser", por meio do Espírito de Cristo (v. 16). Você conhece alguma pessoa que se encaixe nessa descrição?

_____

_____

3. Quais são as principais características de nossas famílias e igrejas quando cada membro alicerça sua vida no amor, conforme orou Paulo?

_____

_____

4. Como podemos conhecer o amor de Cristo, embora não o entendamos?

5. Como podemos nos assegurar de que o poder de Deus, e não a nossa própria força, está agindo através de nós?

Inspiração

Deus ama você? Contemple a cruz, e contemple sua resposta.

Deus Filho morreu por você. Quem poderia imaginar tamanha dádiva? Na época em que a Bíblia de Martinho Lutero estava sendo impressa na Alemanha, a filha de um tipógrafo encontrou o amor de Deus. Ninguém lhe havia falado sobre Jesus. Ela não nutria sentimento algum em relação a Deus, a não ser medo. Certo dia, ela reuniu pedaços das Escrituras espalhados pelo chão. Numa folha, encontrou as seguintes palavras: "Porque Deus amou o mundo de tal maneira que deu...". O resto do versículo ainda não havia sido impresso, mas o que viu foi o suficiente para deixá-la comovida. A ideia de que Deus lhe daria alguma coisa levou a menina do medo à alegria. Sua mãe percebeu a mudança de atitude. Quando perguntou a razão de sua felicidade, a filha tirou do bolso o pedaço amassado que trazia o versículo pela metade. A mãe leu e perguntou: "O que ele deu?". A filha ficou perplexa por um momento e depois respondeu: "Eu não sei. Mas se ele nos amou o suficiente para nos dar alguma coisa, não deveríamos sentir medo dele".

"Cristo nos amou e se entregou por nós como oferta e sacrifício de aroma agradável a Deus" (Ef 5.2). Que tipo de devoção é essa? A santidade de Deus exigia um sacrifício imaculado, e o único sacrifício imaculado era Deus Filho. E, uma vez que o amor de Deus jamais deixa de pagar o preço, ele se sacrificou. Deus nos ama com um amor infalível.

Trecho de *Isto não é para mim*

Reação

6. Descreva uma ocasião em que você se sentiu "tocado" ou envolvido pelo amor de Cristo.

_____

_____

7. Cite algumas maneiras pelas quais Cristo mostrou amor e compaixão em seu ministério na terra. (Você encontra exemplos da compaixão de Jesus em suas reações às multidões em Mt 9.36-38; 14.13-14; 15.29-39. Procure também suas interações com os dois cegos em Mt 20.29-34, com o leproso em Mc 1.40-42, com a mãe em luto em Lc 7.11-15, e com Jairo e a mulher que sofria de hemorragia em Lc 8.40-56.)

_____

_____

8. Quais ministérios na igreja de hoje refletem o modo como Jesus se importava com as pessoas em torno dele?

_____

_____

9. Como podemos viver uma vida mais propensa a experimentar o amor de Cristo? (Tenha em mente que essa questão diz respeito à nossa percepção do amor de Deus, e não ao fato de ele nos amar ou não. Apesar de nossas escolhas afetarem essa percepção, não há nada que um cristão possa fazer para ser separado desse amor.)

_____

_____

10. Com que você compara a magnitude do amor de Cristo?

_____

_____

11. Como você pode alicerçar sua vida nesse amor e partilhá-lo com outros?

_____

_____

Lições de vida

Não podemos forçar as pessoas a acreditar que Deus as ama, e elas não podem *nos* impedir de amá-las. O poder implícito nas palavras de Paulo aos efésios provém do poder convincente do Espírito Santo e do poder compassivo do compromisso do apóstolo para com eles. Em nenhum momento Paulo deixou de se maravilhar com o fato de Deus usá-lo; ele jamais deixou de convidar outros a se maravilharem com o fato de que Deus os ama. O amor de Deus possui largura, comprimento, altura e profundidade, mas jamais o compreenderemos por inteiro. Nossa capacidade de experimentar tamanho amor se esgotará e chegará ao fim antes que a capacidade divina de concedê-lo seja sequer flexionada. A ideia de que Cristo "habita" em nós pela fé nos proporciona admiráveis e reconfortantes possibilidades. O que Cristo faz em nós e através de nós será sempre "infinitamente mais do que tudo quanto pedimos ou pensamos" (Ef. 3.20, RA).

Devoção

Não somos perfeitos, Pai, mas somos teus. Clamamos por tua salvação e tua graça. Pedimos que nos conformes a cada dia à imagem de Jesus Cristo. Ajuda-nos a andar neste mundo em amor, como ele andou. Maravilhamo-nos com tamanha misericórdia, que nos perdoa vez após vez. Obrigado.

- Para mais passagens bíblicas sobre o amor de Cristo, leia Mateus 8.14-16; 9.35-37; 14.13-14; 20.29-34; 23.37; Marcos 10.13-16; Lucas 7.12-13; 22.49-51; João 11.33-35.
- Para completar o livro de Efésios durante este estudo em doze partes, leia Efésios 3.14-21.

Para pensar
Como posso me tornar mais parecido com Cristo no modo como demonstro amor às pessoas ao meu redor?

LIÇÃO 7

EM TODA PARTE, O CORPO

REFLEXÃO
Ferimentos, ossos quebrados e perda de algum membro podem ocasionar efeitos devastadores no corpo de uma pessoa. Mesmo uma simples bolha no dedão ou um corte de papel no dedo rapidamente nos lembra o quanto fazemos uso de todas as partes de nossa anatomia. Reflita por alguns momentos sobre quão valioso é cada membro de seu corpo. Por que o corpo de Cristo é uma analogia tão significativa para a igreja?

SITUAÇÃO
Nos tempos de prisão, Paulo recorria a mensagens escritas para dar prosseguimento a sua obra como apóstolo. Ao que parece, em seu cárcere em Roma, Paulo ainda tinha permissão para receber visitas, e ele fez o máximo uso delas como mensageiros de seu ministério por todo o Império Romano. Desse modo, na maioria de suas cartas, Paulo dedica a primeira parte ao ensino doutrinário, e a segunda, à aplicação prática. Ele está dizendo: "Se vocês concordam com o que acabei de lhes dizer, as seguintes decisões e ações serão exigidas".

OBSERVAÇÃO
Leia Efésios 4.1-16 da NVI ou da RA.

Nova Versão Internacional
¹ Como prisioneiro no Senhor, rogo-lhes que vivam de maneira digna da vocação que receberam. ² Sejam completamente humildes e dóceis, e sejam pacientes, suportando uns aos outros com amor. ³ Façam todo o esforço para conservar a unidade do Espírito pelo vínculo da paz. ⁴ Há um só corpo e um só

Espírito, assim como a esperança para a qual vocês foram chamados é uma só; ⁵ *há um só Senhor, uma só fé, um só batismo,* ⁶ *um só Deus e Pai de todos, que é sobre todos, por meio de todos e em todos.*
⁷ *E a cada um de nós foi concedida a graça, conforme a medida repartida por Cristo.* ⁸ *Por isso é que foi dito:*

"*Quando ele subiu em triunfo às alturas,*
 levou cativos muitos prisioneiros,
 e deu dons aos homens".

⁹ *(Que significa "ele subiu", senão que também havia descido às profundezas da terra?* ¹⁰ *Aquele que desceu é o mesmo que subiu acima de todos os céus, a fim de encher todas as coisas.)* ¹¹ *E ele designou alguns para apóstolos, outros para profetas, outros para evangelistas, e outros para pastores e mestres,* ¹² *com o fim de preparar os santos para a obra do ministério, para que o corpo de Cristo seja edificado,* ¹³ *até que todos alcancemos a unidade da fé e do conhecimento do Filho de Deus, e cheguemos à maturidade, atingindo a medida da plenitude de Cristo.* ¹⁴ *O propósito é que não sejamos mais como crianças, levados de um lado para outro pelas ondas, nem jogados para cá e para lá por todo vento de doutrina e pela astúcia e esperteza de homens que induzem ao erro.* ¹⁵ *Antes, seguindo a verdade em amor, cresçamos em tudo naquele que é a cabeça, Cristo.* ¹⁶ *Dele todo o corpo, ajustado e unido pelo auxílio de todas as juntas, cresce e edifica-se a si mesmo em amor, na medida em que cada parte realiza a sua função.*

Almeida Revista e Atualizada

¹ *Rogo-vos, pois, eu, o prisioneiro no Senhor, que andeis de modo digno da vocação a que fostes chamados,* ² *com toda a humildade e mansidão, com longanimidade, suportando-vos uns aos outros em amor,* ³ *esforçando-vos diligentemente por preservar a unidade do Espírito no vínculo da paz;* ⁴ *há somente um corpo e um Espírito, como também fostes chamados numa só esperança da vossa vocação;* ⁵ *há um só Senhor, uma só fé, um só batismo;* ⁶ *um só Deus e Pai de todos, o qual é sobre todos, age por meio de todos e está em todos.*
⁷ *E a graça foi concedida a cada um de nós segundo a proporção do dom de Cristo.* ⁸ *Por isso, diz:*
 Quando ele subiu às alturas, levou cativo o cativeiro e concedeu dons aos homens.
⁹ *Ora, que quer dizer subiu, senão que também havia descido até às regiões inferiores da terra?* ¹⁰ *Aquele que desceu é também o mesmo que subiu acima de todos os céus, para encher todas as coisas.* ¹¹ *E ele mesmo concedeu uns para*

apóstolos, outros para profetas, outros para evangelistas e outros para pastores e mestres, ¹² *com vistas ao aperfeiçoamento dos santos para o desempenho do seu serviço, para a edificação do corpo de Cristo,* ¹³ *até que todos cheguemos à unidade da fé e do pleno conhecimento do Filho de Deus, à perfeita varonilidade, à medida da estatura da plenitude de Cristo,* ¹⁴ *para que não mais sejamos como meninos, agitados de um lado para outro e levados ao redor por todo vento de doutrina, pela artimanha dos homens, pela astúcia com que induzem ao erro.* ¹⁵ *Mas, seguindo a verdade em amor, cresçamos em tudo naquele que é a cabeça, Cristo,* ¹⁶ *de quem todo o corpo, bem ajustado e consolidado pelo auxílio de toda junta, segundo a justa cooperação de cada parte, efetua o seu próprio aumento para a edificação de si mesmo em amor.*

Exploração

1. Como você descreveria a vida a qual Deus nos chama a viver?

_____

_____

2. Cite algumas formas de aceitar e suportar uns aos outros em amor. Como essa aceitação é afetada quando encontramos alguém de quem não gostamos?

_____

_____

3. Essa passagem nos diz que cada um de nós possui um dom especial da graça. Você já identificou o seu? Se a resposta é não, como poderia fazê-lo?

_____

_____

4. Sabendo que o propósito de nossos dons é crescer na maturidade de Cristo, de que modo os dons que você já identificou o ajudaram nesse sentido?

_____

_____

5. A passagem desta lição compara a igreja a um corpo, e Cristo, à cabeça dele. Que parte desse corpo você é?

_____

_____

Inspiração

Uma incrível dinâmica acontece quando participarmos da adoração com um coração adorador. Sua adoração sincera é um apelo missionário. Faça os incrédulos ouvirem a paixão de sua voz ou verem a sinceridade em sua face, e eles serão transformados. Foi assim com Pedro. Quando viu a adoração de Jesus, ele disse: "Senhor, é bom estarmos aqui. Se quiseres, farei três tendas: uma para ti, uma para Moisés e outra para Elias" (Mt 17.4). Ele não entendia que o desejo de Deus é o coração, e não tendas, mas pelo menos se sentiu impelido a dar algo. Por quê? Porque ele viu a face transfigurada de Jesus.

O mesmo acontece nas igrejas de hoje. Quando as pessoas nos veem louvando a Deus de coração — quando ouvem nossa adoração —, elas ficam intrigadas. Elas querem conhecer o responsável por aquilo! As faíscas de nosso fogo acendem até o coração mais ressequido.

Experimentei algo semelhante no Brasil. Nossa casa ficava a poucos quarteirões do principal estádio de futebol do mundo. Pelo menos uma vez por semana, o estádio do Maracanã se enchia de barulhentos torcedores de futebol. A princípio, eu não me contava entre eles, mas o entusiasmo daquelas pessoas era contagioso. Eu queria conhecer o motivo de tamanha empolgação. Quando deixei o Rio de Janeiro, era um fanático por futebol e gritava tão bem quanto qualquer brasileiro.

Talvez os visitantes não entendam tudo o que acontece durante a adoração na igreja. Pode ser que não compreendam o significado de um cântico ou da cerimônia da Ceia do Senhor, mas todo mundo sabe discernir a alegria quando a presença. E, ao verem o seu rosto transformado, desejarão ver o rosto de Deus.

Trecho de *Simplesmente como Jesus*

Reação
6. Como os membros da igreja nos preparam para realizar a obra de Deus? Quem contribui com a adoração?

_____

_____

7. Como é ter uma vida cheia do Espírito (cf. tb. Gl 5.16-26)?

_____

_____

8. Como devemos usar nossos dons visando alcançar outros para Cristo?

_____

_____

9. O que significa ser um bebê espiritual?

_____

_____

10. Em que sentido Cristo age em relação à igreja como faz a cabeça em relação ao corpo?

_____

_____

11. O que nos impede de sermos humildes, bondosos e pacientes? (Uma passagem como Cl 3.1-7 pode ser de alguma ajuda.)

_____

_____

Lições de vida
A vida cristã consiste em seguir ao Deus que nos chama. Essa vida tem um roteiro básico traçado por Deus. Podemos descrevê-la

como uma coleção fundamental de crenças e dons. As crenças são compartilhadas em comunidade; os dons são concedidos individualmente visando ao bem comum. O desafio diário da vida cristã está em participar da vida de maneira digna em razão de tudo que nos foi concedido em Cristo. Todos os cristãos contribuem para o corpo de Cristo. Alguns papéis específicos, principalmente os de liderança, exigem fidelidade, coragem e a cooperação dos liderados. O desafio de vida para o cristão é uma combinação de responsabilidade espiritual individual e cooperação voluntária com outros fiéis. Nós partilhamos os nossos dons e nos beneficiamos com os deles.

Devoção
Pai, como é santa e grandiosa a tua promessa! Tu foste tão bom conosco e nos presenteaste tão ricamente. Renova nossa visão; ajuda-nos a avistar os céus. Ajuda-nos a usar nosso tempo nas ocupações corretas, ou seja, no teu serviço.

- Para mais passagens bíblicas sobre o propósito dos dons, leia Romanos 12.3-6; 1Coríntios 12.12; 14.26; 1Timóteo 4.14; 2Timóteo 1.6.
- Para completar o livro de Efésios durante este estudo em doze partes, leia Efésios 4.1-16.

Para pensar
Como posso usar meus dons para glorificar a Deus nesta semana?

LIÇÃO 8

O PODER DAS PALAVRAS

Reflexão
Pense em alguma ocasião em que as palavras insensíveis de outra pessoa feriram você (ou vice-versa). Qual foi o efeito imediato nos envolvidos? Como a ofensa foi resolvida?

Situação
Depois de revelar as partes e os propósitos do corpo de Cristo, Paulo escreve sobre a influência que o mundo exterior exerce sobre os membros da igreja. Os hábitos, atitudes e pecados do mundo devem ser "despidos" por aqueles que buscam pôr em prática seu chamado no corpo de Cristo.

Observação
Leia Efésios 4.17-32 da NVI ou da RA.

Nova Versão Internacional
17 Assim, eu lhes digo, e no Senhor insisto, que não vivam mais como os gentios, que vivem na inutilidade dos seus pensamentos. 18 Eles estão obscurecidos no entendimento e separados da vida de Deus por causa da ignorância em que estão, devido ao endurecimento do seu coração. 19 Tendo perdido toda a sensibilidade, eles se entregaram à depravação, cometendo com avidez toda espécie de impureza.

20 Todavia, não foi isso que vocês aprenderam de Cristo. 21 De fato, vocês ouviram falar dele, e nele foram ensinados de acordo com a verdade que está em Jesus. 22 Quanto à antiga maneira de viver, vocês foram ensinados a despir-se do velho homem, que se corrompe por desejos enganosos, 23 a serem renovados no modo de pensar e 24 a revestir-se do novo homem, criado para ser semelhante a Deus em justiça e em santidade provenientes da verdade.

25 Portanto, cada um de vocês deve abandonar a mentira e falar a verdade ao seu próximo, pois todos somos membros de um mesmo corpo. 26 "Quando vocês ficarem irados, não pequem". Apaziguem a sua ira antes que o sol se ponha, ²⁷ *e não deem lugar ao Diabo.* ²⁸ *O que furtava não furte mais; antes trabalhe, fazendo algo de útil com as mãos, para que tenha o que repartir com quem estiver em necessidade.* ²⁹ *Nenhuma palavra torpe saia da boca de vocês, mas apenas a que for útil para edificar os outros, conforme a necessidade, para que conceda graça aos que a ouvem.* ³⁰ *Não entristeçam o Espírito Santo de Deus, com o qual vocês foram selados para o dia da redenção.* ³¹ *Livrem-se de toda amargura, indignação e ira, gritaria e calúnia, bem como de toda maldade.* ³² *Sejam bondosos e compassivos uns para com os outros, perdoando-se mutuamente, assim como Deus os perdoou em Cristo.*

Almeida Revista e Atualizada

¹⁷ *Isto, portanto, digo e no Senhor testifico que não mais andeis como também andam os gentios, na vaidade dos seus próprios pensamentos,* ¹⁸ *obscurecidos de entendimento, alheios à vida de Deus por causa da ignorância em que vivem, pela dureza do seu coração,* ¹⁹ *os quais, tendo-se tornado insensíveis, se entregaram à dissolução para, com avidez, cometerem toda sorte de impureza.* ²⁰ *Mas não foi assim que aprendestes a Cristo,* ²¹ *se é que, de fato, o tendes ouvido e nele fostes instruídos, segundo é a verdade em Jesus,* ²² *no sentido de que, quanto ao trato passado, vos despojeis do velho homem, que se corrompe segundo as concupiscências do engano,* ²³ *e vos renoveis no espírito do vosso entendimento,* ²⁴ *e vos revistais do novo homem, criado segundo Deus, em justiça e retidão procedentes da verdade.*

²⁵ *Por isso, deixando a mentira, fale cada um a verdade com o seu próximo, porque somos membros uns dos outros.* ²⁶ *Irai-vos e não pequeis; não se ponha o sol sobre a vossa ira,* ²⁷ *nem deis lugar ao diabo.* ²⁸ *Aquele que furtava não furte mais; antes, trabalhe, fazendo com as próprias mãos o que é bom, para que tenha com que acudir ao necessitado.* ²⁹ *Não saia da vossa boca nenhuma palavra torpe, e sim unicamente a que for boa para edificação, conforme a necessidade, e, assim, transmita graça aos que ouvem.* ³⁰ *E não entristeçais o Espírito de Deus, no qual fostes selados para o dia da redenção.* ³¹ *Longe de vós, toda amargura, e cólera, e ira, e gritaria, e blasfêmias, e bem assim toda malícia.* ³² *Antes, sede uns para com os outros benignos, compassivos, perdoando--vos uns aos outros, como também Deus, em Cristo, vos perdoou.*

Exploração

1. Descreva algumas evidências de "perda de sensibilidade" em nossa cultura.

2. Defina o "velho homem". De que devemos nos "despir" quando nos tornamos seguidores de Jesus?

3. Qual a diferença entre o "velho homem" e o "novo homem"?

4. Como damos "lugar ao Diabo" (v. 27)?

5. A passagem desta lição diz que não devemos ser insensíveis em nossas palavras. Então, como devemos usá-las?

Inspiração

A insensibilidade provoca uma ferida de lenta cicatrização.

Se alguém machuca seus sentimentos de forma intencional, você sabe como reagir. Você conhece a fonte da dor. Mas, se alguém fere sua alma acidentalmente, é difícil saber o que fazer.

Alguém no trabalho critica o novo chefe que, por acaso, é seu amigo íntimo. "Oh, desculpe-me, esqueci que vocês dois eram tão próximos."

Uma piada sobre pessoas acima do peso é contada numa festa. Você está acima do peso. Ouviu a piada. Sorri educadamente enquanto seu coração afunda.

O que era para ser uma reprimenda por uma decisão ou ação se transforma num ataque pessoal. "Essa não é a sua primeira decisão ruim, João."

Alguém escolhe lavar sua roupa suja em público. "Sueli, é verdade que você e o Beto estão separados?"

Comentários insensíveis. Pensamentos que deviam permanecer pensamentos. Sentimentos que não tinham que ser expressos. Opiniões descuidadamente arremessadas como granada na multidão.

E se você fosse contar à pessoa que lançou esses dardos impensados sobre a dor causada, a resposta seria: "Oh, mas eu não tinha a intenção... Não sabia que você era tão sensível!" ou "Esqueci que você estava aqui".

De certa forma, as palavras são reconfortantes, até você parar para pensar nelas (o que não é recomendado). Pois, quando você começa a pensar nos insultos insensíveis, dá-se conta de que vieram de uma família infame cujo pai produziu gerações de dor. Seu nome? Egoísmo. Seus filhos? Três: descaso, desrespeito e decepção.

Esses três bruxos se uniram para envenenar incontáveis relacionamentos e magoar inúmeros corações. Entre suas armas encontra-se a artilharia mais cruel de Satanás: fofoca, acusações, ressentimento, impaciência, e assim por diante.

A Palavra de Deus contém um remédio enérgico para aqueles que sacodem a língua de forma descuidada. A mensagem é clara: quem se atreve a chamar a si mesmo de embaixador de Deus não pode se dar ao luxo de usar palavras indolentes. Desculpas como "não sabia que você estava aqui" ou "não sabia que você era tão sensível" são vazias quando saem daqueles que afirmam ser seguidores e imitadores do Grande Médico. Temos a responsabilidade dobrada de vigiar nossa língua.

Trecho de *Deus está aqui*

Reação
6. Por que dizemos coisas que ferem os outros, embora Deus nos diga claramente para não fazê-lo?

7. Por que às vezes gostamos de pôr as pessoas para baixo?

8. Como Deus vê nossas ações quando maltratamos ou desrespeitamos uns aos outros?

9. Existe uma maneira de livrar nossa vida da amargura e da raiva? (Observação: Efésios 4.22-24 nos oferece uma fórmula para o crescimento — na área da amargura e da raiva, além de outras mais. Primeiro, somos instruídos a deixar nosso "velho homem" para trás e a parar de fazer as coisas que lhe eram próprias. Em seguida, é dito que devemos ser renovados no modo de pensar; assim, ao enchermos a mente das verdades da Palavra de Deus, nosso coração é transformado. Depois, o texto afirma que devemos nos tornar um "novo homem" e começar a fazer as coisas que lhe são adequadas, como ser bondoso e amoroso. Efésios 4.31-32 traz instruções específicas; não só o que deixar de fazer, mas também o que fazer. Como isso tudo, portanto, afeta a amargura e a raiva?)

10. De que tipo de palavras as pessoas necessitam de nós?

11. De que modo somos enganados pelas coisas más que desejamos fazer?

Lições de vida

Uma das áreas mais óbvias para o crescimento espiritual é a necessidade de conhecer nossos padrões de fala e, então, de modificá-los. É com essa área que Paulo inicia seu "plano de capacitação" para a transformação pessoal. A honestidade para consigo mesmo e para com os outros constitui o alicerce para as demais mudanças na vida. Sem a integridade pessoal, a capacidade de até mesmo reconhecer outras áreas problemáticas ficará severamente limitada. A Palavra de Deus não mede esforços para eliminar quaisquer dúvidas sobre áreas com que precisamos lidar enquanto andamos "de modo digno da vocação" a que fomos chamados (Ef 4.1, RA).

Devoção

Pai, nós clamamos por teu auxílio, direção e capacitação interior. Não temos força em nós mesmos para sermos transformados à tua semelhança e para não sermos conformados a este mundo. Ensina-nos a falar com a tua voz e a amar com o teu amor.

- Para mais passagens bíblicas sobre agradar a Deus com as palavras, leia Provérbios 16.24; 25.11; Eclesiastes 10.12; Isaías 50.4; Efésios 4.29; Colossenses 4.6.
- Para completar o livro de Efésios durante este estudo em doze partes, leia Efésios 4.17-32.

Para pensar

De que modo eu desrespeito e destrato outras pessoas com minhas palavras?

LIÇÃO 9

ESCOLHENDO ANDAR NA LUZ

REFLEXÃO
Uma boa parte da ideia de caminhar na luz de Deus consiste em ser sábio. A sabedoria autêntica se insere bem no centro da vida real. Ela é incisiva e prática e revela uma profunda compreensão dos caminhos e do caráter de Deus, expressos em toda a sua criação. Pense nas pessoas mais sábias que você conhece. Quais evidências de sabedoria você observa na vida cotidiana deles? O que esses indivíduos têm em comum e como se distinguem uns dos outros?

SITUAÇÃO
"Andar" é uma analogia excelente para a vida cristã. Paulo encoraja os efésios a andar de maneira digna de Cristo, honrando-o naquilo que fazem e deixam de fazer. Expandindo a analogia, o apóstolo mostra como os filhos de Deus devem andar no amor, na luz e na sabedoria.

OBSERVAÇÃO
Leia Efésios 5.1-20 da NVI ou da RA.

Nova Versão Internacional

¹ Portanto, sejam imitadores de Deus, como filhos amados, ² e vivam em amor, como também Cristo nos amou e se entregou por nós como oferta e sacrifício de aroma agradável a Deus.

³ Entre vocês não deve haver nem sequer menção de imoralidade sexual como também de nenhuma espécie de impureza e de cobiça; pois essas coisas não são próprias para os santos. ⁴ Não haja obscenidade, nem conversas tolas, nem gracejos imorais, que são inconvenientes, mas, ao invés disso, ações de graças. ⁵ Porque vocês podem estar certos disto: nenhum imoral, ou impuro, ou

ganancioso, que é idólatra, tem herança no Reino de Cristo e de Deus. ⁶ Ninguém os engane com palavras tolas, pois é por causa dessas coisas que a ira de Deus vem sobre os que vivem na desobediência. ⁷ Portanto, não participem com eles dessas coisas.
⁸ *Porque outrora vocês eram trevas, mas agora são luz no Senhor. Vivam como filhos da luz,* ⁹ *pois o fruto da luz consiste em toda bondade, justiça e verdade;* ¹⁰ *e aprendam a discernir o que é agradável ao Senhor.* ¹¹ *Não participem das obras infrutíferas das trevas; antes, exponham-nas à luz.* ¹² *Porque aquilo que eles fazem em oculto, até mencionar é vergonhoso.* ¹³ *Mas, tudo o que é exposto pela luz torna-se visível, pois a luz torna visíveis todas as coisas.* ¹⁴ *Por isso é que foi dito:*

"*Desperta, ó tu que dormes,*
 levanta-te dentre os mortos
e Cristo resplandecerá
 sobre ti".

¹⁵ *Tenham cuidado com a maneira como vocês vivem; que não seja como insensatos, mas como sábios,* ¹⁶ *aproveitando ao máximo cada oportunidade, porque os dias são maus.* ¹⁷ *Portanto, não sejam insensatos, mas procurem compreender qual é a vontade do Senhor.* ¹⁸ *Não se embriaguem com vinho, que leva à libertinagem, mas deixem-se encher pelo Espírito,* ¹⁹ *falando entre si com salmos, hinos e cânticos espirituais, cantando e louvando de coração ao Senhor,* ²⁰ *dando graças constantemente a Deus Pai por todas as coisas, em nome de nosso Senhor Jesus Cristo.*

Almeida Revista e Atualizada

¹ *Sede, pois, imitadores de Deus, como filhos amados;* ² *e andai em amor, como também Cristo nos amou e se entregou a si mesmo por nós, como oferta e sacrifício a Deus, em aroma suave.*
³ *Mas a impudicícia e toda sorte de impurezas ou cobiça nem sequer se nomeiem entre vós, como convém a santos;* ⁴ *nem conversação torpe, nem palavras vãs ou chocarrices, coisas essas inconvenientes; antes, pelo contrário, ações de graças.* ⁵ *Sabei, pois, isto: nenhum incontinente, ou impuro, ou avarento, que é idólatra, tem herança no reino de Cristo e de Deus.* ⁶ *Ninguém vos engane com palavras vãs; porque, por essas coisas, vem a ira de Deus sobre os filhos da desobediência.* ⁷ *Portanto, não sejais participantes com eles.* ⁸ *Pois, outrora, éreis trevas, porém, agora, sois luz no Senhor; andai como filhos da luz* ⁹ *(porque o fruto da luz consiste em toda bondade, e justiça, e verdade),* ¹⁰ *provando sempre o que é agradável ao Senhor.* ¹¹ *E não sejais cúmplices nas obras infrutíferas*

das trevas; antes, porém, reprovai-as. ¹² *Porque o que eles fazem em oculto, o só referir é vergonha.* ¹³ *Mas todas as coisas, quando reprovadas pela luz, se tornam manifestas; porque tudo que se manifesta é luz.* ¹⁴ *Pelo que diz:*
Desperta, ó tu que dormes,
levanta-te de entre os mortos,
e Cristo te iluminará.
¹⁵ *Portanto, vede prudentemente como andais, não como néscios, e sim como sábios,* ¹⁶ *remindo o tempo, porque os dias são maus.* ¹⁷ *Por esta razão, não vos torneis insensatos, mas procurai compreender qual a vontade do Senhor.*

¹⁸ *E não vos embriagueis com vinho, no qual há dissolução, mas enchei-vos do Espírito,* ¹⁹ *falando entre vós com salmos, entoando e louvando de coração ao Senhor com hinos e cânticos espirituais,* ²⁰ *dando sempre graças por tudo a nosso Deus e Pai, em nome de nosso Senhor Jesus Cristo.*

Exploração

1. Qual a diferença entre uma vida repleta de escuridão e outra plena de luz?

___

___

2. Que tipo de elementos tornam uma conversa "tola", e um gracejo, "imoral" (v. 4)?

___

___

3. A passagem desta lição nos orienta a aprender o que agrada a Deus. O que isso tem a ver com andar em amor?

___

___

4. Por que é vergonhoso até mesmo mencionar o mal que os outros cometem em oculto?

___

___

5. Todos nós conhecemos alguns sinais da embriaguez com vinho. Quais são os sinais de alguém que está cheio do Espírito?

_____

_____

Inspiração
Estive uma hora inteira no hotel errado. E quer saber? Eu *senti* que estava no lugar certo. Se você tivesse me perguntado o que eu fazia comendo uma refeição de graça no hotel errado, eu teria olhado na sua direção como se você estivesse usando roupas de astronauta no meio da selva amazônica. "Você enlouqueceu!" Em nenhum momento levantei a cabeça, franzi a sobrancelha e pensei: "Este lugar me parece estranho". Que nada. Eu me *senti* bem. Mas minhas sensações tinham se equivocado. A chave do quarto comprovou o engano. O número do quarto confirmou o erro. A gerente, caso houvesse sido perguntada, teria ratificado o equívoco. Por mais que eu me sentisse no lugar certo, a verdade é que eu não estava. E nem uma multidão de sensações mudaria isso.

Fico aqui pensando se você já cometeu o mesmo erro. Não com um hotel, mas com o amor. Já tomou decisões a respeito de seus relacionamentos com base em suas sensações, e não nos fatos? No que se refere ao amor, os sentimentos dominam a parada. As emoções conduzem o navio. Os arrepios dão a palavra final. Mas deveria mesmo ser assim? Os sentimentos são confiáveis? É possível um relacionamento parecer correto, mas ser todo errado? Algumas cabeças balançam, concordando.

Uma mãe solteira concorda.

Um universitário com o coração partido concorda.

O sujeito que se apaixonou por uma belezura de parar o trânsito concorda.

Os sentimentos nos enganam. Ontem mesmo falei com uma adolescente intrigada com sua falta de sentimentos por um rapaz. Antes de começarem a namorar, ela era louca por ele. Porém, no instante em que ele se mostrou interessado por ela, ela já não correspondia da mesma maneira.

Penso, ainda, numa jovem mãe. Exercer o papel de mãe não é tão romântico quanto ela imaginava. Fraldas e sessões de mamar no meio da noite não é nada divertido, e ela se sente culpada por isso. "Será que meu amor é inferior?", questiona-se.

Como responder a essa pergunta? Você já desejou uma forma de avaliar a qualidade de seus sentimentos? Um teste de DNA para o amor? Paulo nos oferece este: "O amor não se alegra com a injustiça, mas se alegra com a verdade" (1Co 13.6). Nesse versículo reside o teste para o amor.

Trecho de *Um amor que vale a pena*

Reação

6. Descreva a mensagem de esperança presente no evangelho de Jesus Cristo, principalmente em relação ao amor.

7. Quais são os sinais de uma vida separada de Deus?

8. O que nos impede de recomeçar (ou de seguir em frente), uma vez que a graça de Deus nos concede todas as oportunidades para isso?

9. Como a ganância pode se transformar em idolatria?

10. Como podemos crescer em sabedoria?

11. Quais são os benefícios de ter um coração cheio de gratidão?

Lições de vida

Imitar a Deus é algo que afeta muitas áreas da vida. Os padrões de amor, luz e sabedoria que descrevem, em parte, o caráter santo e perfeito de Deus não são características que somos capazes de reproduzir com exatidão, mas somente imitar. Como seres humanos, carregamos conosco a imagem de Deus; como crentes em Jesus, procuramos viver de acordo com seu padrão. Ele nos convidou a viver dessa maneira e nos prometeu a ajuda necessária para tal. O progresso revelará uma presença cada vez maior de amor, luz e sabedoria em nossa vida.

Devoção

Deus, tu nos concedeste tão grandiosa promessa, a promessa da salvação. Perdoa-nos, Pai, quando depositamos mais esperança nas coisas desta terra do que nas incríveis promessas de teu céu. Ensina-nos a viver em tua luz.

- Para mais passagens bíblicas sobre viver na luz, leia João 3.19-21; Atos 26.15-18; Romanos 13.11-14; 2Coríntios 4.6; 1Pedro 2.9-10.
- Para completar o livro de Efésios durante este estudo em doze partes, leia Efésios 5.1-20.

Para pensar

Por que às vezes eu opto pela escuridão no lugar da luz?

LIÇÃO 10

SINAIS DE SUJEIÇÃO

REFLEXÃO
A maioria das pessoas consegue pensar numa situação em que deu risada a despeito da situação. As coisas se tornaram tão ridiculamente caóticas que não havia nada a fazer senão rir e seguir em frente! Em que ocasião você queria sentir raiva, mas, por algum motivo, começou a rir? Relembre outras situações em que você reagiu melhor do que esperava.

SITUAÇÃO
Com a passagem seguinte, Paulo chega à essência de sua teologia prática. O apóstolo enfoca brevemente três relacionamentos cruciais que põem à prova nosso entendimento do que significa cooperação mútua e obediência a Deus: casamento, família e relações de trabalho.

OBSERVAÇÃO
Leia Efésios 5.21-33 da NVI ou da RA.

Nova Versão Internacional
²¹ Sujeitem-se uns aos outros, por temor a Cristo.

²² Mulheres, sujeite-se cada uma a seu marido, como ao Senhor, ²³ pois o marido é o cabeça da mulher, como também Cristo é o cabeça da igreja, que é o seu corpo, do qual ele é o Salvador. ²⁴ Assim como a igreja está sujeita a Cristo, também as mulheres estejam em tudo sujeitas a seus maridos.

²⁵ Maridos, ame cada um a sua mulher, assim como Cristo amou a igreja e entregou-se por ela ²⁶ para santificá-la, tendo-a purificado pelo lavar da água mediante a palavra, ²⁷ e para apresentá-la a si mesmo como igreja gloriosa, sem mancha nem ruga ou coisa semelhante, mas santa e inculpável. ²⁸ Da mesma forma, os maridos devem amar cada um a sua mulher como a seu próprio corpo. Quem ama sua mulher, ama a si mesmo. ²⁹ Além do mais, ninguém jamais odiou o seu próprio corpo, antes o alimenta e dele cuida, como também Cristo faz com a igreja, ³⁰ pois somos membros do seu corpo. ³¹ "Por essa razão, o homem deixará pai e mãe e se unirá à sua mulher, e os dois se tornarão uma só carne." ³² Este é um mistério profundo; refiro-me, porém, a Cristo e à igreja. ³³ Portanto, cada um de vocês também ame a sua mulher como a si mesmo, e a mulher trate o marido com todo o respeito.

Almeida Revista e Atualizada

²¹ Sujeitando-vos uns aos outros no temor de Cristo.

²² As mulheres sejam submissas ao seu próprio marido, como ao Senhor; ²³ porque o marido é o cabeça da mulher, como também Cristo é o cabeça da igreja, sendo este mesmo o salvador do corpo. ²⁴ Como, porém, a igreja está sujeita a Cristo, assim também as mulheres sejam em tudo submissas ao seu marido. ²⁵ Maridos, amai vossa mulher, como também Cristo amou a igreja e a si mesmo se entregou por ela, ²⁶ para que a santificasse, tendo-a purificado por meio da lavagem de água pela palavra, ²⁷ para a apresentar a si mesmo igreja gloriosa, sem mácula, nem ruga, nem coisa semelhante, porém santa e sem defeito. ²⁸ Assim também os maridos devem amar a sua mulher como ao próprio corpo. Quem ama a esposa a si mesmo se ama. ²⁹ Porque ninguém jamais odiou a própria carne; antes, a alimenta e dela cuida, como também Cristo o faz com a igreja; ³⁰ porque somos membros do seu corpo. ³¹ Eis por que deixará o homem a seu pai e a sua mãe e se unirá à sua mulher, e se tornarão os dois uma só carne. ³² Grande é este mistério, mas eu me refiro a Cristo e à igreja. ³³ Não obstante, vós, cada um de per si também ame a própria esposa como a si mesmo, e a esposa respeite ao marido.

Exploração

1. Por que é difícil sujeitar-se aos desejos e necessidades de outra pessoa? O termo *submissão* é sempre negativo? Em que situações ele pode ser positivo?

_____
_____

2. Essa passagem compara o papel do marido no casamento com o de Cristo como cabeça da igreja. Quais são, portanto, as responsabilidades que o marido tem?

3. De que maneira a esposa pode honrar seu marido assim como a igreja honra a Cristo?

4. De acordo com a passagem lida, como o marido pode dar sua vida pela esposa?

5. Qual a relação, no casamento, entre amor e respeito?

Inspiração

Você chega em casa de mau humor por causa de um prazo não cumprido. Ela chega em casa irritada porque a babá se esqueceu de dar o remédio de garganta para sua filha de cinco anos. Os dois desejam do outro um pouco de simpatia, mas ninguém tem nada a oferecer. Então vocês, mal-humorados e irritados, sentam-se à mesa do jantar com a pequena Emily, que junta as mãos para orar (como foi ensinada), curvam a cabeça (mas não o coração) e escutam. De onde vem aquela oração, só Deus sabe.

"Deus, aqui é a Emily. Tudo bem aí? Eu vou bem, obrigada. Papai e mamãe estão bravos. Não sei por quê. Afinal, temos passarinhos e brinquedos e purê de batatas, e temos a família. Será que o Senhor pode fazer os dois parar de ficar bravos? Faça isso, por favor, ou só o Senhor e eu vamos nos divertir hoje à noite. Amém."

A resposta da oração vem antes mesmo que ela termine. Vocês dois se olham na metade dela e riem no final, balançando a cabeça e dizendo que sentem muito. E os dois agradecem a Deus por aquela doce voz que lhes lembrou o que é importante de verdade. É isto o que as "explosões de amor" produzem: explosões de amor. Afeição espontânea. Momentos ternos de amor radiante. Dedicação inflamada. Arroubos de ternura. Fazem a gente se lembrar do que realmente importa. Um telegrama entregue no portão do quintal, dizendo para você estimar o tesouro que possui enquanto o possui. O sussurro de um anjo, ou de alguém que soa como um, relembrando que aquilo que você tem é maior que o que você deseja e que aquilo que é urgente nem sempre é o que realmente importa.

Trecho de *Ele ainda remove pedras*

Reação

6. Quando tanto o marido como a esposa precisam da simpatia ou da atenção do outro ao mesmo tempo, que fazer para que ambos tenham suas necessidades atendidas?

_____

_____

7. Quais táticas ajudam um casal a recuperar a perspectiva quando as circunstâncias ficam tensas?

_____

_____

8. Cite alguns tópicos ou circunstâncias que parecem urgentes, mas que, no longo prazo, não são tão importantes assim.

_____

_____

9. O que significa "sujeitar-se" ou "submeter-se" a algo ou alguém?

_____

_____

10. Em que sentido a igreja é como uma noiva (cf. Ap 21.1-5)?

11. De que modo o respeito a Cristo ajuda o casal a sujeitar-se um ao outro?

Lições de vida

Considerando que um relacionamento de longo prazo envolve duas pessoas, uma democracia nem sempre é possível. A vida apresenta decisões que devem ser tomadas mesmo que haja desacordo. Na união de duas pessoas, pode haver harmonia na maioria dos assuntos, mas, havendo uma discordância inegociável, alguém precisa assumir a responsabilidade do voto decisivo. Essa responsabilidade deve ser declarada de antemão e confirmada durante a situação. É um desafio essencial e uma oportunidade de amar e de respeitar.

As lições que Deus ensina não devem ser apenas aprendidas. Elas devem ser aprendidas, vividas e, então, aprendidas novamente. E assim se segue, a vida toda.

Devoção

Deus, concede-nos força à medida que buscamos ser mais parecidos com Jesus em nosso lar. Afasta-nos do mal. Mantém-nos junto de ti. Permite que nossa casa seja testemunha de teu amor por nós. Quando olharem dentro dela, que eles vejam o quanto tu amaste o mundo.

- Para mais passagens bíblicas sobre casamentos amorosos, leia Colossenses 3.18-19; Hebreus 13.4; 1Pedro 3.1-7.
- Para completar o livro de Efésios durante este estudo em doze partes, leia Efésios 5.21-33.

Para pensar
Como posso me empenhar mais nesta semana para fortalecer meu relacionamento?

LIÇÃO 11

Bons pais, bons chefes

Reflexão
Qual a principal lembrança que você tem de seus pais? Descreva algumas de suas tentativas conscientes de buscar ser parecido com eles.

Situação
Paulo viveu numa época e numa cultura em que as mulheres tinham poucos direitos. Além disso, crianças e escravos não tinham praticamente direito algum. Viúvas, crianças e escravos eram, muitas vezes, tratados como pouco mais que uma mercadoria. Quando o apóstolo considerou essas pessoas como indivíduos capazes de exercer privilégios, responsabilidades e expectativas, ele estava, de maneira significativa, elevando o *status* deles na sociedade. Ao dirigir-se a eles, ele lhes concedeu valor. Ao exigir que fossem tratados com respeito, ele lhes conferiu importância.

Observação
Leia Efésios 6.1-9 da NVI ou da RA.

Nova Versão Internacional
¹ *Filhos, obedeçam a seus pais no Senhor, pois isso é justo.* ² *"Honra teu pai e tua mãe" — este é o primeiro mandamento com promessa —* ³ *"para que tudo te corra bem e tenhas longa vida sobre a terra".*
⁴ *Pais, não irritem seus filhos; antes criem-nos segundo a instrução e o conselho do Senhor.*
⁵ *Escravos, obedeçam a seus senhores terrenos com respeito e temor, com sinceridade de coração, como a Cristo.* ⁶ *Obedeçam-lhes, não apenas para agradá--los quando eles os observam, mas como escravos de Cristo, fazendo de coração*

a vontade de Deus. ⁷ *Sirvam aos seus senhores de boa vontade, como servindo ao Senhor, e não aos homens,* ⁸ *porque vocês sabem que o Senhor recompensará cada um pelo bem que praticar, seja escravo, seja livre.*
⁹ *Vocês, senhores, tratem seus escravos da mesma forma. Não os ameacem, uma vez que vocês sabem que o Senhor deles e de vocês está nos céus, e ele não faz diferença entre as pessoas.*

Almeida Revista e Atualizada
¹ *Filhos, obedecei a vossos pais no Senhor, pois isto é justo.*
² *Honra a teu pai e a tua mãe (que é o primeiro mandamento com promessa),*
³ *para que te vá bem, e sejas de longa vida sobre a terra.*
⁴ *E vós, pais, não provoqueis vossos filhos à ira, mas criai-os na disciplina e na admoestação do Senhor.*
⁵ *Quanto a vós outros, servos, obedecei a vosso senhor segundo a carne com temor e tremor, na sinceridade do vosso coração, como a Cristo,* ⁶ *não servindo à vista, como para agradar a homens, mas como servos de Cristo, fazendo, de coração, a vontade de Deus;* ⁷ *servindo de boa vontade, como ao Senhor e não como a homens,* ⁸ *certos de que cada um, se fizer alguma coisa boa, receberá isso outra vez do Senhor, quer seja servo, quer livre.* ⁹ *E vós, senhores, de igual modo procedei para com eles, deixando as ameaças, sabendo que o Senhor, tanto deles como vosso, está nos céus e que para com ele não há acepção de pessoas.*

Exploração
1. Este é o padrão de Deus para os filhos: que eles obedeçam a seus pais de acordo com a vontade de Deus. Como é esse tipo de obediência?

_____

_____

2. Como os pais podem evitar a irritação de seus filhos? Como essa instrução se relaciona com o fato de os filhos se irritarem ao serem corrigidos ou disciplinados?

_____

_____

3. De que modo as instruções de Paulo aos escravos (trabalhar com integridade quer o seu senhor esteja olhando, quer não) se aplicam aos empregadores?

___

___

4. Paulo relembra aos senhores que eles e seus escravos servem ambos ao mesmo Senhor (Deus). Como essa verdade se aplica a patrões e a gerentes?

___

___

5. Por que a Bíblia ordena que trabalhemos com boa vontade?

___

___

Inspiração

O que significa honrar os pais? Se analisarmos a palavra *honra* nas Escrituras, iremos entender. Em hebraico, o termo usado para "honra" é *kabed*. Essa palavra significa, literalmente, "ter peso, importância, honra". Ainda hoje, vinculamos a ideia de conferir peso à prática de honrar uma pessoa.

Quando o presidente de seu país ou alguma outra figura importante se pronuncia, costuma-se dizer que suas palavras estão "carregadas de significado". A pessoa cujas palavras são carregadas é digna de honra e respeito. Porém, é possível aprender ainda mais sobre o que significa honrar alguém quando olhamos seu oposto nas Escrituras.

O significado literal da palavra "amaldiçoar" (*qalal*) é "tornar leve, de pouco peso, desonrar". Retomando o exemplo anterior, ao desonrar alguém, diríamos: "As palavras dele possuem pouco peso". O contraste é nítido!

Quando Paulo nos manda honrar nossos pais, ele está dizendo que os pais são dignos de estima e respeito. Em termos modernos, poderíamos chamá-los de pesos-pesados em nossa vida! O oposto também é verdadeiro, se optarmos por desonrá-los.

Alguns tratam os pais como se fossem uma camada de pó sobre a mesa. A poeira quase não tem peso e pode ser varrida com uma passada de mão. É algo incômodo e desagradável, que ofusca qualquer beleza real que a mesa venha a ter. Paulo nos diz que não deve ser essa a atitude de um filho para com seus pais, e por uma boa razão. Se não honrarmos nossos pais, não somente praticamos o que é errado e desonramos a Deus, mas também reduzimos a nossa vida literalmente!

Trecho de *A dádiva da bênção na família*, de Gary Smalley e John Trent

Reação

6. Como podemos honrar nossos pais? Em geral, enfocamos o que isso significa para o filho na infância ou na adolescência, mas também é importante considerar a importância dessa instrução na vida adulta. O que significa honrar os pais no período universitário? E como recém-casado?

7. Por que é difícil honrar os pais?

8. Em sua opinião, desrespeitar os pais é o mesmo que desonrá-los?

9. De que modo Deus é honrado por nosso trabalho diligente no emprego?

10. Em sua opinião, como Deus recompensará cada um pelo bem praticado?

_____

_____

11. Faça uma pequena lista de como os empregadores tratam seus funcionários no mundo de hoje.

_____

_____

Lições de vida
O desafio relacional consiste, em parte, no fato de que o relacionamento é uma via de mão dupla. A passagem desta lição analisa os dois lados — filhos e pais, trabalhadores e patrões. A maturidade espiritual ocorre quando conseguimos enxergar o outro lado. A percepção de nossos desejos, necessidades e direitos acontece naturalmente; uma apreciação pelos desejos, necessidades e direitos do outro já não ocorre de forma tão natural. Além do mais, a vontade de agir com base naquilo que entendemos da posição de outra pessoa depende totalmente da ajuda de Deus.

Devoção
Eleva nossos olhos, Pai, para que vejamos uns aos outros e os que nos rodeiam da maneira que tu nos vês. Ajuda-nos a responder mutuamente com amor e compaixão. Ajuda-nos a ser iguais a ti.

- Para mais passagens bíblicas sobre pais e filhos, leia Deuteronômio 6.6-9; Provérbios 1.8; 6.20; 22.6; Colossenses 3.20; 1Timóteo 3.2-5; Tito 2.3-5.
- Para completar o livro de Efésios durante este estudo em doze partes, leia Efésios 6.1-9.

Para pensar
Que posso fazer para honrar meus pais ou a memória deles nesta semana?

LIÇÃO 12

SEJA UM VENCEDOR!

REFLEXÃO
Relembre alguma ocasião em que você se envolveu em algum tipo de vitória. Como é a sensação de estar do lado vencedor?

SITUAÇÃO
No encerramento da carta, Paulo relembra a seus leitores que havia uma batalha real sendo travada contra um inimigo bastante real. Seu desejo era equipá-los para uma vida de aventura no serviço a Deus. Apresentando uma lista de recursos espirituais, ele descreve a armadura expedida por Deus a todos os que creem em Cristo.

OBSERVAÇÃO
Leia Efésios 6.10-20 da NVI ou da RA.

Nova Versão Internacional
¹⁰ Finalmente, fortaleçam-se no Senhor e no seu forte poder. ¹¹ Vistam toda a armadura de Deus, para poderem ficar firmes contra as ciladas do Diabo, ¹² pois a nossa luta não é contra seres humanos, mas contra os poderes e autoridades, contra os dominadores deste mundo de trevas, contra as forças espirituais do mal nas regiões celestiais. ¹³ Por isso, vistam toda a armadura de Deus, para que possam resistir no dia mau e permanecer inabaláveis, depois de terem feito tudo. ¹⁴ Assim, mantenham-se firmes, cingindo-se com o cinto da verdade, vestindo a couraça da justiça ¹⁵ e tendo os pés calçados com a prontidão do evangelho da paz. ¹⁶ Além disso, usem o escudo da fé, com o qual vocês poderão apagar todas as setas inflamadas do Maligno. ¹⁷ Usem o capacete da salvação e a espada do Espírito, que é a palavra de Deus. ¹⁸ Orem no Espírito em todas as ocasiões, com toda oração e súplica; tendo isso em mente, estejam atentos e perseverem na oração por todos os santos.

¹⁹ *Orem também por mim, para que, quando eu falar, seja-me dada a mensagem a fim de que, destemidamente, torne conhecido o mistério do evangelho,* ²⁰ *pelo qual sou embaixador preso em correntes. Orem para que, permanecendo nele, eu fale com coragem, como me cumpre fazer.*

Almeida Revista e Atualizada

¹⁰ Quanto ao mais, sede fortalecidos no Senhor e na força do seu poder. ¹¹ Revesti-vos de toda a armadura de Deus, para poderdes ficar firmes contra as ciladas do diabo; ¹² porque a nossa luta não é contra o sangue e a carne, e sim contra os principados e potestades, contra os dominadores deste mundo tenebroso, contra as forças espirituais do mal, nas regiões celestes.

¹³ Portanto, tomai toda a armadura de Deus, para que possais resistir no dia mau e, depois de terdes vencido tudo, permanecer inabaláveis. ¹⁴ Estai, pois, firmes, cingindo-vos com a verdade e vestindo-vos da couraça da justiça. ¹⁵ Calçai os pés com a preparação do evangelho da paz; ¹⁶ embraçando sempre o escudo da fé, com o qual podereis apagar todos os dardos inflamados do Maligno. ¹⁷ Tomai também o capacete da salvação e a espada do Espírito, que é a palavra de Deus; ¹⁸ com toda oração e súplica, orando em todo tempo no Espírito e para isto vigiando com toda perseverança e súplica por todos os santos ¹⁹ e também por mim; para que me seja dada, no abrir da minha boca, a palavra, para, com intrepidez, fazer conhecido o mistério do evangelho, ²⁰ pelo qual sou embaixador em cadeias, para que, em Cristo, eu seja ousado para falar, como me cumpre fazê-lo.

Exploração

1. Ainda hoje, termos como *armadura corporal* fazem parte do vocabulário de guerra. Para o soldado, qual o propósito da armadura?

_____

_____

2. Cite algumas das "ciladas" do Diabo às quais a passagem anterior possa estar se referindo (v. 11).

_____

_____

3. De que modo a "couraça da justiça" nos protege?

4. Em sua opinião, por que o evangelho é comparado a pés calçados?

_____
_____

5. Como uma vida de oração nos auxilia na guerra espiritual?

_____
_____

Inspiração

O triunfo é algo precioso. Prestamos homenagens a quem triunfa. O soldado galante montado em seu corcel. O explorador determinado ao retornar de sua aventura. O atleta vencedor com o triunfante troféu de vitória nas mãos. Sim, nós amamos o triunfo.

O triunfo traz consigo um aumento de propósito e significado. Quando triunfo, sou valoroso. Quando triunfo, sou estimado. Quando triunfo, sou importante.

O triunfo, contudo, é passageiro. Mal há tempo de provar o sabor da vitória e ele já se foi; êxito obtido, mas agora é passado. Ninguém permanece campeão para sempre. Logo chega o tempo de outra conquista, outra vitória. Talvez seja esse o absurdo da afirmação de Paulo: "Graças, porém, a Deus, que, em Cristo, sempre nos conduz em triunfo" (2Co 2.14, RA).

O triunfo de Cristo não é temporário. O triunfo em Cristo não é um acontecimento ou uma ocasião. Não é efêmero. Ser triunfante em Cristo é um estilo de vida... um estado de espírito! Triunfar em Cristo não é algo que fazemos, mas sim algo que somos.

Esta é a grande diferença entre a vitória em Cristo e a vitória no mundo: o vitorioso no mundo se alegra por algo que ele realizou — atravessar o canal da Mancha a nado, escalar o monte

Everest, obter um milhão em dinheiro. O cristão, porém, se alegra por quem ele é: filho de Deus, pecador perdoado, herdeiro da eternidade. Como diz o hino: "Herdeiro da salvação, comprado por Deus, nascido do seu Espírito, lavado em seu sangue".

Nada pode nos separar de nosso triunfo em Cristo. Nada! Nosso triunfo não se baseia em nossos sentimentos, mas no dom de Deus. Não se baseia em nossa perfeição, mas no perdão divino. Como é precioso esse triunfo! Ainda que sejamos pressionados de todos os lados, a vitória ainda é nossa. Nada pode modificar a lealdade de Deus.

Há pouco tempo, um amigo perdeu o pai. A fé que seu pai tinha serviu de inspiração a muitos. Segundo meu amigo, nos momentos em que esteve a sós com o corpo do pai, o seguinte pensamento não lhe saía da mente: "Você venceu. Você venceu. Você venceu!". Como disse Joana D'arc, após ser abandonada por aqueles que deveriam ter lutado com ela: "É melhor estar sozinha com Deus. A amizade dele nunca falhará, nem o seu conselho, nem o seu amor. Em sua força eu hei de ter coragem e coragem e coragem até morrer".

"Triunfante em Cristo." Não é algo que fazemos. É algo que somos.

Trecho de *Moldado por Deus*

Reação

6. Em que sentido os cristãos são semelhantes a soldados?

---

7. O que é vitória espiritual?

---

8. De que modo a armadura descrita em Efésios nos prepara para nossas batalhas? Você se considera em que nível de prontidão para o combate?

9. Em que sentido a fé é semelhante a um escudo?

10. Em que sentido a salvação é semelhante a um capacete?

11. Em que sentido a Palavra de Deus é semelhante a uma espada? O que é necessário para que você se sinta confortável em ir à batalha carregando tal "espada"?

Lições de vida
Deus realiza todo o trabalho crucial e nos fornece todos os recursos essenciais. Ele nos desafia e nos encoraja a fazer uso deles. Cada item da armadura espiritual listado na passagem lida chega até nós como uma dádiva de Deus. Ele assegura sua eficácia, mas esta é limitada em nossa vida por nossa disposição em "vesti-las" e usá-las. Além de andar pela fé, de modo digno, na luz, em amor, há momentos também para permanecer firme. Algumas situações da vida implicam a tomada de posição, e quando isso acontece, é melhor não agir desarmado. Munidos de fé, verdade, salvação, Palavra de Deus e oração, Deus nos promete a vitória.

Devoção
Nós te louvamos. Nós te honramos e glorificamos o teu nome. Tu és verdadeiramente o Rei dos reis e o Senhor dos senhores. Nós te agradecemos e te adoramos e te seguiremos para todo o sempre. Amém.

- Para mais passagens bíblicas sobre vencer em Cristo, leia Salmos 44.4-8; 60.12; 118.13-16; Provérbios 2.6-8; 21.30-31; 1Coríntios 15.54-57; 1João 5.3-5.
- Para completar o livro de Efésios durante este estudo em doze partes, leia Efésios 6.10-23.

Para pensar

Como devo viver minha vida sabendo que, pela fé, já sou vencedor em Cristo?

NOTA AO LEITOR

Os textos da seção "Inspiração" foram traduzidos diretamente dos originais em inglês de Max Lucado e da obra de Gary Smalley e John Trent listados abaixo.

Os livros a seguir foram publicados por W Publishing Group, uma divisão da Thomas Nelson, Inc., Nashville, Tennessee, EUA. Quando for o caso, apresentamos entre colchetes as correspondentes versões em português.

A Love Worth Giving. Copyright © 2002 de Max Lucado. [*Um amor que vale a pena*. Rio de Janeiro: CPAD, 2004.]

God Came Near. Copyright © 1987, 2004 de Max Lucado. [*Deus está aqui*. São Paulo: Mundo Cristão, 2013.]

He Still Moves Stones. Copyright © 1993 de Max Lucado. [*Ele ainda remove pedras*. Rio de Janeiro: CPAD, 2005.]

Just Like Jesus. Copyright © 1998 de Max Lucado. [*Simplesmente como Jesus*. Rio de Janeiro: CPAD, 2005.]

Next Door Savior. Copyright © 2003 de Max Lucado. [*O Salvador mora ao lado*. Rio de Janeiro: CPAD, 2005.]

No Wonder They Call Him the Savior. Copyright © 1986, 2004 de Max Lucado. [*Por isso o chamam Salvador*. São Paulo: Mundo Cristão, 2014.]

Shaped by God (publicado anteriormente como *On The Anvil*). Copyright © 2001 de Max Lucado. [*Moldado por Deus*. São Paulo: Proclamação, 2010.]

The Great House of God. Copyright © 1995 de Max Lucado. [*A grande casa de Deus*. Rio de Janeiro: CPAD, 2001.]

Traveling Light. Copyright © 2001 de Max Lucado. [*Aliviando a bagagem*. Rio de Janeiro: CPAD, 2002.]

The Gift of the Blessing. Copyright © 1993 de Gary Smalley e John Trent. [*A dádiva da bênção na família*. Campinas: United Press, 1997.]

O livro a seguir foi publicado por Integrity Publishers, Brentwood, Tennessee, EUA:

It's Not About Me. Copyright © 2004 de Max Lucado. [*Isto não é para mim*. Rio de Janeiro: CPAD, 2005.]

ANOTAÇÕES

ANOTAÇÕES

ANOTAÇÕES

ANOTAÇÕES

ANOTAÇÕES

ANOTAÇÕES

ANOTAÇÕES

Coleção lições de vida

Max Lucado

- *O evangelho de Mateus*
- *O evangelho de Marcos*
- *O evangelho de Lucas*
- *O evangelho de João*
- *Atos*
- *Romanos*
- *1Coríntios*
- *2Coríntios*
- *Gálatas*
- *Filipenses*
- *Colossenses & Filemom*
- *1 e 2Tessalonicenses* [no prelo]
- *1 e 2Timóteo & Tito* [no prelo]
- *Hebreus* [no prelo]
- *Tiago* [no prelo]
- *1 e 2Pedro* [no prelo]
- *1, 2 e 3João & Judas* [no prelo]
- *Apocalipse* [no prelo]

Compartilhe suas impressões de leitura escrevendo para:
opiniao-do-leitor@mundocristao.com.br
Acesse nosso *site*: www.mundocristao.com.br

Diagramação: Assisnet Design Gráfico
Revisão: Josemar de Souza Pinto
Gráfica: Imprensa da Fé
Fonte: Adobe Caslon Pro
Papel: Offset 63 g/m² (miolo)
Cartão 250 g/m² (capa)